Der Tod auf der Schippe
– oder was Archäologen sonst so finden

Angelika Franz

DER TOD
AUF DER SCHIPPE

– oder was Archäologen
sonst so finden

Bibliografische Information der Deutschen Nationalbibliothek
Die Deutsche Nationalbibliothek verzeichnet diese Publikation in der
Deutschen Nationalbibliografie; detaillierte bibliografische Daten sind
im Internet über *http://dnb.d-nb.de* abrufbar.

Umschlaggestaltung: Stefan Schmid Design, Stuttgart, unter Verwendung
einer Abbildung von Heidi Wendelstein, Bild plus Text, Markgröningen.

© 2010 Konrad Theiss Verlag GmbH, Stuttgart
In Kooperation mit SPIEGEL ONLINE, Hamburg
Alle Rechte vorbehalten
Satz und Gestaltung: Satz & mehr, R. Günl, Besigheim
Druck und Bindung: Grafisches Centrum Cuno GmbH & Co. KG,
Calbe (Saale)
Bildredaktion: Angelika Franz, Hamburg
Korrektorat: Kirsten Gleinig, Hamburg

ISBN: 978-3-8062-2381-1

Besuchen Sie uns im Internet: www.theiss.de

VORWORT

Wenn ich neue Leute kennenlerne und erzähle, dass ich Archäologie studiert habe, dann antworten mir neun von zehn mit einem merkwürdig wehmütigen Leuchten in den Augen: „Oh, das wollte ich auch machen!" Warum ist Archäologe ein Traumjob wie Feuerwehrmann, Fußball-Profi, Tierärztin oder Top-Model? Archäologen retten niemandem das Leben und werden in der Regel auch nicht berühmt. Als Archäologe ist einem niemand dankbar und hübsch anziehen kann man sich bei der Arbeit auch nicht. Und doch hängt dieser Wissenschaft ein Zauber an, der alle berührt.

Vielleicht, weil es dabei um uns selbst geht. Die Archäologie ist schließlich die Lehre von unserer eigenen Vergangenheit – sie untersucht die Hinterlassenschaften von Menschen, die genauso geatmet, geschwitzt, geliebt, gehasst und gelebt haben wie wir. Durch welche Hände ging die römische Münze, die Archäologen unter den Sitzreihen des Circus Maximus finden? Zahlte damit eine junge Frau beim Bäcker das Brot für ihre Familie? Gab der sie dann am nächsten Tag bei einer Prostituierten aus? Oder was passierte in den Mauern des alten Hauses, das Ausgräber im mittelalterlichen Köln entdeckten? Hallten von ihnen die Schreie neugeborener Kinder wider? Schluckten sie die letzten Seufzer sterbender Bewohner? In archäologischen Hinterlassenschaften sind die Geschichten der Menschen, die sie einst benutzten, gespeichert. Es ist die Aufgabe der Archäologen, sie zu lesen und zu interpretieren. „Unsere Ausstellungsstücke flüstern ihre eigenen Geschichten", sagte mir einmal Piotr Cywiński, der Direktor der Gedenkstätte Auschwitz-Birkenau, über sein Museum. „Wir sorgen nur dafür, dass sie auch gehört werden."

Diese Beispiele – das alte Rom, das mittelalterliche Köln und das Vernichtungslager Auschwitz-Birkenau – verdeutlichen schon, wie breit gefächert die Archäologie ist. Sie reicht so weit zurück, wie wir Menschen materielle Spuren hinterlassen haben. Geografisch heißt das von den nördlichsten Siedlungen Alaskas und Kanadas bis zum Südpol. Und zeitlich reicht die Spanne von den frühesten Werkzeugen unserer Vorfahren bis hin zum soeben weggeworfenen Papier eines Schokoriegels. Diese Breite spiegelt sich auch in den unterschiedlichen archäologischen Disziplinen wider. So beleuchtet die Urgeschichte die Menschheit vor Einführung der Schrift, die Mittelalterarchäologie untersucht das Leben im Mittelalter und die Neuzeitarchäologie entsprechend alles aus der Zeit danach. Regional beschäftigen sich die Ägyptologen mit Ägypten, für Vorderasien ist die Vorderasiatische Archäologie zuständig, und die Kulturen des amerikanischen Kontinents vor Ankunft von Christoph Kolumbus untersuchen die Altamerikanisten. Und dann gibt es noch besondere Spezialisten wie die Schlachtfeldarchäologen, die sich für Schlachtfelder aller Kulturen aus allen Zeiten zuständig fühlen.

Bei meinen Recherchen für SPIEGEL ONLINE dringe ich oft in Bereiche weit jenseits der Mainstream-Forschung vor. Denn gerade hier passieren die spannenden und anrührenden Geschichten. Wie relevant ist schon das zigste neu entdeckte Hausfundament in Griechenland – im Vergleich zur Erforschung einer 1969 abgebrannten Hippie-Kommune in San Francisco? Und gegen die Ausgrabung von Erdlöchern im englischen Cornwall, in die Hexen noch bis in die jüngste Vergangenheit ihre Zauberutensilien betteten, kommt Ägypten mit keiner noch so alten Mumie an. Ist das denn eigentlich noch Archäologie? Ja! Denn die Archäologie hat unsere Vergangenheit zum Forschungsgegenstand – und die endet an der Grenze zu just diesem Moment. Hier, ganz nah an der Gegenwart, lässt sich die Vergangenheit mit archäologischen Methoden ebenso untersuchen wie in weit zurückliegender Ferne.

So wie unsere Vorgänger ihre materiellen Spuren hinterließen, lassen wir nämlich unsere eigenen zurück. Immer und ständig legen wir ganz alltägliche archäologische Spuren: Auch wir verlieren Münzen oder verlassen Häuser. Wie werden die Archäologen der Zukunft mein Leben interpretieren? Das wird davon abhängen, welche Artefakte sie finden. Graben sie meinen iPod aus – mit jeder Menge vor allem tanzbarer Musik? Oder finden sie mein Klavier mit den Noten von Bach und Beethoven? Stoßen sie vor dem Haus auf die verrostete Karosserie meines Autos? Oder graben sie sich bis in den Keller des Hauses zu meinem Fahrrad durch? Nicht umsonst lautet der Untertitel dieses Buches „... oder was Archäologen sonst so finden." Viel öfter als den Tod haben die Archäologen nämlich etwas ganz anderes auf der Schippe: das pralle Leben.

Angelika Franz

INHALT

WAS IST ARCHÄOLOGIE?

Archäologie ist der λόγος (lógos) – die Lehre – von allem, was ἀρχαῖος (archaios) ist – alt. Doch „alt" muss noch gar nicht so lange her sein … Der Cambridger Archäologe David Clarke definierte 1973 die Disziplin mit: „Archäologie ist, was die Archäologen machen".

Was von uns übrig bleibt

Der Brite John Schofield verschiebt mit provokanten Aktionen die Grenzen der Archäologie: Er untersucht Relikte der jüngsten Vergangenheit – einen Ford Transit, Friedenscamps der Atomkraftgegner und Uni-Hörsäle. Dabei fördert er Erstaunliches zutage, das wir fast schon wieder vergessen hatten.

Normalerweise vergleichen Archäologen die Pinselstriche auf griechischen Vasen. Oder sie datieren mittelalterliche Gräber aufgrund modischer Veränderungen von Haarnadeln. Manche zählen auch gewissenhaft die Locken auf den Marmorköpfen römischer Senatorenbüsten. Doch John Schofield ist anders. Das merkt man gleich, wenn man eines seiner Archäologie-Seminare an der University of Bristol besucht. Kaum haben die Studenten Platz genommen, scheucht der Forscher die Gruppe schon wieder vor die Tür – um ihnen ein Gespür für ihre eigenen Hinterlassenschaften aus der Pause zu vermitteln, in der sie Kaffee trinkend und rauchend vor dem Hörsaal standen. „Ladies und Gentlemen", sagt Schofield mit einem Grinsen, „wir gehen jetzt nach draußen und untersuchen, wie wir Ihre gerade verbrachte Wartezeit archäologisch dokumentieren können."

Welche Spuren hinterlässt eine wartende Studentengruppe in zehn Minuten? Die angehenden Forscher tragen die Funde zusammen: drei leere Kaffeebecher, fünf Zigarettenstummel, zwei zerknüllte Tempotücher, die leere Hülle eines Schokoriegels, ein liegen gebliebenes Lehrbuch.

Plötzlich ist Archäologie ganz nah. Ein Paradigmenwechsel treibt die Disziplin um – weg von der fernen Vergangenheit, weiter in Richtung Gegenwart, bis zur gerade vergangenen Stunde. In Frankreich untersuchen die Archäologen Tunnelunterkünfte aus dem Ersten Weltkrieg. In den USA gräbt ein Forscher die Reste einer Hippie-Kommune von 1969 aus. Und in Deutschland wurde ein Archäologe beauftragt, die Reste der Berliner Mauer zu dokumentieren – nicht mal zwei Jahrzehnte nach ihrem Fall. Hierzulande ist die sogenannte New Archaeology noch nicht selbstverständlich. England ist dagegen weit vorne – und Schofield derzeit einer der Wortführer.

„Archäologie ist, was die Archäologen machen"

Der Wissenschaftler versucht immer wieder, die Grenzen seines Fachgebiets auszuloten. Seit 20 Jahren arbeitet er für die britische Denkmalpflege-Organisation English Heritage, er unterrichtet an den Universitäten von Bristol und Southampton. Seine Studenten lässt er mit archäologischen Methoden einen 18 Jahre alten Ford Transit untersuchen, den ein lokales Museum ausgemustert hat – und veröffentlicht die Ergebnisse im renommierten Fachblatt „Cambridge Archaeological Journal". Oder er gräbt aus, was von den Friedenscamps der Demonstranten gegen die Stationierung von Atomwaffen übrig blieb. Ist das noch Archäologie?

Schofield antwortet mit einem Zitat: „Archäologie ist, was die Archäologen machen." Den Satz prägte vor mehr als 30 Jahren einer der Vordenker der Neuen Archäologie, David Clarke – und Schofield treibt ihn mit seinen Projekten ins Extrem. „Die Definition des Fachs hat sich verändert", sagt er. Früher habe man alte Dinge studiert, konzentriert auf definierte historische Perioden und oft als Kunst verstandene Objekte. „Heute ist die Archäologie zu einer Methode geworden, den Menschen und seine Umwelt zu verstehen." Ob dabei die Hinterlassenschaften einer Studentengruppe aus dem Jahr 2009 oder die Reste eines Lagerfeuers aus dem Jahr 2000 vor Christus untersucht werden, sei egal: Die Methode bleibe dieselbe.

Die Untersuchung des Ford Transit etwa habe mehr über die Engländer der Neunzigerjahre und ihre Umwelt verraten, als er sich zunächst erhofft hatte, sagt Schofield. Er und sein Transit-Team sammelten zunächst alle verfügbaren Informationen zu dem

Forschung am Ford: John Schofield lässt seine Studenten mit archäologischen Methoden einen 1991er Ford Transit untersuchen, den ein lokales Museum ausgemustert hatte – und veröffentlicht die Ergebnisse in der renommierten Zeitschrift „British Archaeology".

Wagen – ein Handbuch, die Versicherungsunterlagen, das Serviceheft. Sie befragten die noch auffindbaren ehemaligen Fahrer des Kleinbusses. Und dann bauten sie das Vehikel Schicht für Schicht auseinander. Jeder Fund wurde akribisch fotografiert und in einen Plan im Maßstab eins zu zehn eingetragen.

Auf den Fußmatten etwa lagen hauptsächlich Relikte aus der letzten Nutzungsphase, als Handwerker des Museums den Kleinbus gefahren hatten. Kleine Schrauben und Muttern, Halogenglühlampen, Schlauchstücke. Aber auch Teile von Kinderspielzeugen und jede Menge Tierhaare sammelten die Archäologen. Eine Laboruntersuchung ergab, dass es sich um Fell der Spezies *Canis lupus familiaris*, vulgo Haushund, handelte. Die Mitarbeiter des Museums hatten sich das Fahrzeug offenbar auch für private Zwecke ausgeliehen.

Unter dem Boden, direkt auf dem Fahrgestell, fanden die Ausgräber Hinweise darauf, wer den Transit vor der Handwerkercrew gefahren hatte: die Archäologen und Kuratoren des Museums. Hier lagen kleine Scherben lange vergangener Ausgrabungen – lokale Keramik aus Staffordshire, blau bedrucktes Porzellan, Steingut und ein viktorianischer Silberpenny. Dazwischen fanden sich Konfetti und Papier von Weihnachtsschokolade.

Fehlende Fingerabdrücke erinnern an soziales Drama

Und dann kam die große Überraschung. Als das Team das Fahrgestell auf Fingerabdrücke untersuchte, fand sich – nichts. Offenbar hatte nie ein Mensch das Fahrgestell berührt. Der Ford Transit war eines der ersten Automodelle, das in Großbritannien komplett von Robotern gefertigt wurde. Die Abwesenheit der Fingerabdrücke ist das Echo eines sozialen Dramas – die Roboter hatten Hunderte von Ford-Arbeitern in die Arbeitslosigkeit gedrängt.

Sind die Ergebnisse der Auto-Untersuchung wissenschaftlich weniger wertvoll als Betrachtungen über Locken römischer Senatoren? „Archäologie beschreibt das Leben, das Menschen gelebt haben", sagt Schofield. Eines seiner Lieblingsgebiete ist die Fahndung nach Spuren der Friedensbewegung. „Wenn wir jetzt nicht doku-

mentieren, welche Spuren die Aktivisten in der Landschaft hinterlassen haben, werden diese Informationen verloren gehen und mit
ihnen die Möglichkeit zur Dokumentation des Widerstandes."

Eines seiner Projekte führte ihn mit US-Kollegen in die Wüste
von Nevada. Etwa hundert Kilometer nordwestlich von Las Vegas
hatte sich dort von 1983 bis 2000 ein buntes Trüppchen zusammen-
gefunden: Aussteiger, Atomgegner, Überlebende der Atombomben-
abwürfe über Japan, ehemalige sowjetische Anti-Atom-Aktivisten
und einheimische Indianer. Sie alle protestierten gegen die US-
Atomtests in der Mojave-Wüste. Um das Protestcamp herum ist der
Wüstensand deswegen voll von Skulpturen. Die Atomgegner haben
sie aus dem einzigen Material geformt, das der karge Ort in Massen
hergibt: aus sonnendurchglühtem Stein. Aus ihm formten die Demonstranten Peace-Zeichen und Friedenstauben, sie verewigten
sich mit Graffiti und Piktogrammen an den Wänden eines Tunnels
unter dem Highway 95. „Es ist schon seltsam", sagt Schofield. „Diese Steinskulpturen und Wandmalereien unterscheiden sich kaum
von denen, die Menschen in der Steinzeit geschaffen haben. Und
wer weiß, vielleicht waren auch ihre Motive ähnlich."   ◼

Was von der Hippie-Kommune übrig blieb

Schallplatten, Bierdosen, Stirnbänder: In San Francisco fahndet
ein Archäologe in den Ruinen einer berühmten Hippie-Villa.
Doch nicht alle verstehen die Aufregung um den Ort – wie
lange muss etwas in der Erde liegen, bis es wissenschaftlichen Wert bekommt?

Der letzte Gitarrenriff ist verklungen, der letzte Joint geraucht und
das letzte Sit-in gesessen. Doch was ist noch übrig von der Hippie-
Bewegung der späten Sechzigerjahre? Breck Parkman hat auf die-

se Frage drei überraschend konkrete Antworten: „Hauptsächlich Schallplatten, Bierdosen und Schuhe."

Parkman ist einer der leitenden Archäologen des US-Bundesstaates Kalifornien. Derzeit gräbt er dort, wo 1967 im „Summer of Love" alles begann. Er erkundet nördlich von San Francisco, im Olompali State Historic Park, die Ruinen der Burdell-Villa. Gerade mal 40 Jahre ist es her, dass das berühmt-berüchtigte 22-Zimmer-Anwesen mit Blick auf die Bucht von San Francisco als „Weißes Haus des Hippietums" bekannt war. Doch dann ging es in Flammen auf, brannte bis auf die Grundmauern nieder.

Mit seiner Ausgrabung bewegt Parkman sich am äußersten Rand der Archäologie, in einer Art wissenschaftlichem Niemandsland. Wo liegt der Unterschied zwischen Artefakten und Gegenwartsmüll? Ist die Olompali Ranch ein historisch bedeutsamer Ort, dessen Untersuchung mit archäologischen Methoden von wissenschaftlichem Wert ist – oder der „Schandfleck einer aus dem Ruder gelaufenen Jugend, den man endlich aufräumen sollte", wie einige Anwohner die Sache sehen? „Neulich forderte nach einem Zeitungsbericht über die Ausgrabung ein Leser, man solle mich feuern und die Staatsgelder gefälligst sinnvoller einsetzen, als durch den Müll von ein paar Hippies zu wühlen", sagt Parkman.

Den Archäologen kränkt solche Kritik. Zumindest Ende der Sechzigerjahre hätte niemand an der historischen Signifikanz der Villa gezweifelt. Die Musiker von Grateful Dead gingen hier ein und aus. Janis Joplin kam oft her, auch „Jefferson Airplane"-Frontfrau Grace Slick und LSD-Guru Timothy Leary. Sie alle besuchten die „Chosen Family" aus bis zu 60 Leuten, die in der Villa ihr utopisches Experiment lebten.

Initiator war Don McCoy. Der damals 37-jährige Immobilienmakler hatte 1967 beschlossen, dem Establishment den Rücken zu kehren. Dazu hatte er das historische Anwesen von der University of California für 1000 Dollar im Monat gemietet. Zu dem 280 Hektar großen Grundstück gehörte ein Swimmingpool mit Olympia-Maßen und ein Stall voller Pferde. Die Mitglieder der „Chosen

Family" bauten ihr eigenes Gemüse an, töpferten und buken Brot, das sie an die Armen von San Francisco verteilten.

Doch die Idylle währte nicht lange. Im Sommer 1968 fielen zwei kleine Mädchen beim Spielen mit Dreirädern in den Pool und ertranken. Kurze Zeit später entkam eines der Pferde und lief auf dem nahen Highway 101 vor einen Truck. Der Fahrer starb bei dem Unfall. Das Jahr 1969 begann mit zwei kurz aufeinanderfolgenden Razzien des Drogendezernats.

In der Nacht zum 2. Februar kam dann das endgültige Ende: Bei einem Brand wurde die Villa komplett zerstört. Wahrscheinlich war es irgendwo in den maroden elektrischen Leitungen des ur-alten Hauses zu einem Kurzschluss gekommen. Die Funken fanden schnell Nahrung.

Im Sommer versammelten sich die Hippies noch einmal in Wood-stock, dann verlor die Bewegung an Schwung. Der Vietnam-Krieg kam zu seinem Ende, und Nixon scheiterte an Watergate. Schließlich ging sogar der Kalte Krieg vorbei und die Sowjetunion zerfiel.

Doch all die Jahre lagen im Olompali Park die Reste der „Cho-sen Family"-Kommune wie in einer Zeitkapsel bewahrt. „Wir do-kumentieren hier eine historisch sehr wichtige Phase, in der große gesellschaftliche Umwälzungen stattfanden", sagt Parkman. „Und selbst wenn jetzt nicht alle von der Idee begeistert sind, Hippie-Artefakten wissenschaftlichen Wert beizumessen, dann ist es doch eine unschätzbare Vorausarbeit für die Archäologen der Zu-kunft."

In die Schatzkiste geht's nur mit Schutzanzug

Schon vor zwölf Jahren hatte der Forscher einen ersten Anlauf unternommen, sich der Burdell-Villa archäologisch zu nähern. Bei den Arbeiten wurde aber eine hohe Asbestbelastung festgestellt. Der Grabungsschutt wurde daraufhin in Spezialcontainern einge-lagert. Erst Anfang dieses Jahres öffneten Spezialisten in Schutz-anzügen dann die Behälter. Sie dekontaminierten die Fundstücke und übergaben sie dem Archäologen.

„Diese Container sind wie eine Schatzkiste – eine Momentaufnahme des Lebens in Olompali im Jahr 1969", sagt Parkman erfreut. Die Archäologen fanden eine Mischung aus hippie-typischen Artefakten und sehr persönlichen Gegenständen, etwa ein gewebtes Stirnband und eine braune Lederjacke mit Regenbogen und Blumen. Symbolcharakter hat mit Sicherheit auch die geschmolzene Lavalampe, die Parkman in dem Schutt fand.

Und natürlich stießen die Forscher auf Tonbänder und Lautsprecher. Was wäre eine Hippie-Villa ohne Musik? Allerdings passen die angekohlten Labels der Schallplatten nicht mehr ganz ins Bild. „Ich hatte erwartet, Alben der Grateful Dead zu finden oder von anderen bedeutenden Bands aus der Zeit", sagt Parkman. Stattdessen aber handelt es sich bei den mehr als 30 Platten aus der Asche um Musik aus den Vierziger- und Fünfzigerjahren – hauptsächlich Rumba und Jazz. Die Erklärung ist ganz einfach: Der geschmolzene Plattenstapel gehörte einst Sandra Barton, mit 47 eine der Ältesten in der Kommune. Aus ihrem Besitz stammen wahrscheinlich auch die unverhältnismäßig vielen Schuhe – vor allem Stiefel –, die Parkman in den Containern fand. Bartons Raum befand sich im oberen Stockwerk, das beim Kollaps des Hauses in den darunterliegenden Speisesaal stürzte. Das ließ die Flammen ersterben.

Sehr persönlich ist sicher auch der Inhalt eines Medizinschränkchens, der die Katastrophe und die Jahrzehnte unbeschadet überstand. Darin lagen zwei Zahnbürsten, Zahnpasta, Gesichtscreme und eine Schachtel Aspirin. „Die Logos auf den Tuben und Dosen sind typisch für die Zeit", sagt Parkman, „aber Hinweise auf Drogenkonsum haben wir zum Beispiel in diesem Schränkchen gar nicht gefunden". Die Aspirin dienten wohl bestenfalls dazu, die Kopfschmerzen nach dem Biergenuss zu lindern. Denn dass die Bewohner der Burdell-Villa davon reichlich tranken, ist aus den Dutzenden von leeren Dosen abzulesen. Und noch eine archäologische Aussage lässt sich anhand des Dosenhaufens treffen: Die bevorzugten Marken der Blumenkinder waren Budweiser, Coors, Olympia und Busch. ◼

Farm im Vollrausch

Während in Vietnam US-Soldaten starben, bauten sie in Kalifornien am Paradies – die Hippies der Olompali-Ranch. Noelle Barton war 1967 eines der Gründungsmitglieder der kalifornischen Kommune. Der Alltag dort, so erzählt sie: Perlen fädeln, tanzen, Sex.

Es war Mitte der Sechzigerjahre, und die Welt geriet immer mehr aus den Fugen. Der Vietnam-Krieg war im vollen Gange, immer mehr Leute wurden eingezogen. Dazu wollten wir eine Gegenwelt schaffen, eine Oase. Wir, das waren meine Mum (Sandra Barton), Don (McCoy, der offizielle Gründer und Geldgeber der Kommune), Sheela (Don's spätere Frau) und natürlich wir, die Kinder. Olompali war die perfekte Oase. Die Ranch hatte einen riesigen Swimmingpool und 280 Hektar Land, auf dem wir Pferde halten und uns vollkommen frei bewegen konnten. Außerdem hatten vor uns Grateful Dead auf der Ranch gewohnt. Meine Mum, Sheela und Don waren hellauf begeistert und beschlossen sofort, dort zusammenzuziehen.

Geld für so ein Projekt war genug da. Don hatte als Unternehmer gearbeitet und zudem noch geerbt, er war reich, deswegen zahlte er die Miete. Anfangs waren wir lediglich 12 bis 15 Leute auf Olompali, nur der engste Freundeskreis. Dann kamen die Freunde der Freunde, und so wurden wir immer mehr. Aber das war gar kein Problem, Platz gab es genug.

Was dann passierte, nenne ich immer „Aufstieg und Fall einer utopischen Familie". Ich sehe mich selbst als unsere Chronistin, schreibe alles auf und verwahre alles, halte alle zusammen. Man muss die Wahrheit über unser Leben in Olompali erzählen, sonst brennt die Fantasie mit den Leuten durch. Die ersten neun oder zehn Monate waren fantastisch, aber dann begann der Abstieg der Utopie.

Abhängen auf Droge mit den Grateful Dead

Als meine Mutter und ich einzogen, war ich gerade mal 17 Jahre alt, ideal für das Leben in der Kommune: Ich konnte tun und lassen, was ich wollte. Ich war kein Kind mehr und wurde für voll genommen, war aber auch nicht erwachsen und musste noch keine Verantwortung tragen. Die High School hatte ich abgebrochen, das war nichts für mich.

Was ich stattdessen tat? Ich nahm viele Drogen und hing mit den Grateful Dead rum. Auf der Rückseite ihres Albums „Aoxomoxoa" sind die Dead mit einigen von uns unter einem Baum im Park von Olompali zu sehen. Nebenbei entwickelte und organisierte ich Lightshows für Konzerte. Ich tanzte auch dazu: Wochenlang tat ich zum Beispiel nichts anderes, als mit Tanz im Licht der Stroboskope zu experimentieren. Oder ich widmete mich den ganz normalen Tätigkeiten auf Olompali, fädelte Perlen auf, töpferte oder arbeitete in der Küche. Jeder von uns musste gewisse Aufgaben im Haushalt übernehmen, und mir machte die Arbeit in der Küche Spaß. Zum Frühstück gab es meist French Toast oder Rührei – für bis zu 60 Leute! Da wurden ganze Stiegen Eier in die Pfanne gehauen. Eine Frau von uns war mit einem Offizier der Air Force verheiratet, deshalb hatten wir Zugang zum Supermarkt auf der Air Force Base, in dem es die Waren für Angehörige der Armee billiger gab. Dorthin sind wir dann oft zum Einkaufen marschiert, alle barfuß und mit langen, wehenden Haaren – was für ein Bild.

Erst ein bißchen arbeiten, dann ein bißchen Sex

Natürlich haben wir aber auch eigenes Gemüse angebaut: Mangold, Spinat, Tomaten, wenn wir Glück hatten auch Gurken, Melonen, Salat, Walnüsse, Granatäpfel und Äpfel. Und Kühe hatten wir auch, die, egal wie stoned du warst, in aller Herrgottsfrühe gemolken werden mussten. Wie es sich für eine gute Kommune gehört, haben wir immer versucht, so viel wie möglich selber zu machen, auch unsere Autos selber zu reparieren. Und wenn man sie mit mehreren zusammen erledigt, können Hausarbeiten auch Teil der Party sein.

Und Olompali war eine einzige Party. Du konntest von Raum zu Raum gehen, und in jedem Raum wartete ein neues Abenteuer. Du hast dich hingesetzt und Perlen aufgefädelt, bis du keine Lust mehr hattest. Dann bist zu eine Runde im Pool geschwommen, hast auf dem Weg zurück ins Haus jemanden getroffen, bist mit ihm aufs Zimmer gegangen und hattest Sex. Dann bist du ins nächste Zimmer, und hast da mit Leuten über Philosophie geredet, dann vielleicht ein Mittagsschläfchen gehalten und so bist du den ganzen Tag durchs Haus mäandert.

Am schönsten waren die Ausflüge nach San Francisco, zum Beispiel zu Konzerten. Manchmal hat Don auch alle Kinder zusammen in seinen Truck geladen, und dann sind wir mit 25 Mann zu Baskin-Robins zum Eisessen gefahren. Kinder brauchen Eiscreme. Ich war in meinem Element.

Mit acht den ersten Joint

Nicht allen Kindern ging es so. Gerade die jüngeren hätten etwas mehr Sicherheit vertragen – und die gab es in Olompali kaum. An jedem Wochenanfang zogen alle Erwachsenen einen Namen von dem Kind, für das sie dann in dieser Woche zuständig waren. So mussten sich die Kinder jede Woche an jemand anderen gewöhnen, der ihnen die Gutenachtgeschichte vorliest, und hatten keine Bezugsperson mehr.

Überhaupt war das Leben für kleinere Kinder auf Olompali nicht ganz einfach. Siobhan McKendrick, die jüngste Tochter von Sheela, hat sich mal in einem Zeitungsartikel darüber beschwert, dass ihre Eltern sie mit acht Jahren haben Pot rauchen lassen. Das ist natürlich heftig, aber ich sehe es so: Ich bin in einem Zirkus aufgewachsen, und manchmal nenne ich mich eine „Überlebende".

Es ging zum Beispiel auch keines von uns Kindern in eine Schule. Warum auch? Wir hatten schließlich unsere „Nicht-Schule". Zuständig dafür war Garnet, eine ehemalige Schulleiterin einer staatlichen Schule. 1966 hatte sie öffentlich zugegeben, dass sie Pot raucht, um nach der Arbeit wieder runterzukommen. So wie andere Leute nach Hause kommen und sich erst mal einen Martini eingießen. Aber Garnet war dafür gefeuert worden und gab nun die Lehrerin auf Olompali. Manchmal half ihr Sister Mary, eine Nonne, die uns mal besucht hatte und der es bei uns so gut gefiel, dass sie gleich da blieb. Mit der „Nicht-Schule" hat es trotzdem nicht immer funktioniert. Da niemand die Kinder zum Lernen gezwungen hat, erschienen sie ziemlich selten zum Unterricht.

Probleme wie im Spießerhaushalt

So wie mit der Schule haben wir in vielen Dingen versucht, uns von der Gesellschaft abzugrenzen. Ganz haben wir das natürlich nie geschafft. Wir haben zwar unser Brot gebacken, aber die Butter dafür mussten wir kaufen. Es war ein Leben neben der Gesellschaft, aber ganz vom Netz waren wir nie. Es hat funktioniert, weil Don Geld hatte. Wenn einer sagte: „Don, ich brauche eine neue Drehscheibe für die Töpferwerkstatt", dann hat Don die beste gekauft, die er finden konnte. Oder wenn wir gesagt haben: „Don, wir brauchen besseres Equipment für unsere Lightshows", dann hat Don es besorgt.

Natürlich hatten wir auch so unsere Probleme, wie jede Kommune. Wir haben einmal die Woche eine Sitzung gehabt, in der wir die nächste Woche geplant und Probleme besprochen haben. Bei jeder Sitzung drehte es sich eigentlich immer wieder um die drei gleichen Fragen: Wer hat die Türen aufgelassen, sodass die Tiere ins Haus kamen? Wer hat den Abwasch nicht gemacht? Wer hat das Licht angelassen? Aber es gab keine Sanktionen. Wir wollten ja keine Spießer sein. Und uns vor allem nicht streiten. Streit war total verpönt. Hey, es war der Sommer der Liebe, da war Streit ein Tabu.

Trotzdem war es selten pure Harmonie. Mit einigen Leuten versteht man sich gut, mit anderen nicht, so ist das Leben, auch in der Kommune. Richtigen Ärger gab es aber nur, wenn die Egos der Männer aufeinanderprallten. Das war wie bei den Tieren auf einer Ranch.

Ein Trip nach Indien als Anfang vom Ende

Im Winter 67/68 lief dann trotzdem langsam alles aus dem Ruder. Don und einige andere waren nach Indien gegangen, und als sie wiederkamen, war alles anders als vorher. Sie waren da auf einen ganz komischen Trip gekommen, die östliche Philosophie hat sie ziemlich beeinflusst. „Die Erde gehört nur Gott", sagten sie, kein Mensch sollte etwas besitzen dürfen, und Olompali gehörte plötzlich auch niemandem mehr. Ich und einige andere fanden das nicht so prickelnd. Jetzt konnte jeder kommen und gehen, wie er wollte, Verantwortung übernahm niemand mehr. Ich wollte keine Fremden einfach so auf Olompali haben, egal ob die Ranch Gott gehörte oder sonst wem.

Irgendwann war auch Dons Geld alle. Oder zumindest floss es nicht mehr so in Strömen wie am Anfang. Außerdem kam im Januar 1969 das Drogen-Department zweimal kurz hintereinander auf Razzien vorbei. Darüber wurde umfassend in den Medien berichtet, unter anderem wurde auch die berühmte Geschichte geschrieben, wie ein Officer Don fragte, wem das viele gefundene Dope gehört, und er antwortete: „Es gehört Gott. Ich rauche es nur."

Tatsächlich hatte uns das Dope kurz vorher ein Informant untergejubelt. Der Kerl hatte es sich bei uns gemütlich gemacht, war mit einer Frau aus der Kommune zusammen. Und dann, zu Weihnachten, hat er jedem von uns eine große Tüte voll Dope geschenkt. Das war der Stoff, den die Drogenleute dann gefunden haben. Fünf oder sechs Monate später war der Typ aber tot, einfach so gestorben. Der konnte schon nicht mehr vor Gericht aussagen.

Abgebrannt – in jeder Hinsicht

Na, und dann kam das Feuer. An jenem Abend hatte ich eine Lightshow bei einem Konzert gemacht, ich war also nicht zu Hause. Wir kamen wieder, und da war alles voller Feuerwehr – die Farm war abgebrannt. Wir sind nach dem Feuer in verschiedene Richtungen weitergezogen. Einige von uns sind in anderen Kommunen untergekommen, andere haben ein bürgerliches Leben angefangen. Aber wir sehen uns immer noch sehr oft und sind immer noch sehr gute Freunde – zumindest die, die noch leben.

Ich bin jetzt 58 und arbeite als Pokerdealerin. Früher habe ich selber gespielt, aber heute deale ich nur noch. Das ist nicht gerade gut fürs Karma, denn am Tisch sitzen manchmal alte Freunde, die immer noch Spieler sind. Das ist so, als ob du als Bartender deinen Freunden Alkohol ausschenkst, obwohl du weißt, dass sie Alkoholiker sind. 20 Jahre lang habe ich als Oben-ohne-Tänzerin gearbeitet. Aber das mache ich jetzt nicht mehr. Ich hatte einen Deal mit mir geschlossen: Wenn mein Sohn so alt ist, dass er in den Laden, in dem ich tanze, kommt, um mit seinen Kumpels Pool zu spielen, höre ich auf. Daran habe ich mich gehalten.

Für mich war die Zeit in Olompali sehr prägend. Ich habe schon vor vielen Jahren offiziell meinen Namen ändern lassen. Seit dem trage ich den meiner Mutter und den der Ranch. Ich bin Noelle Barton Olompali. ■

Huch, es ist der Santa Blaus!

In den Trümmern einer US-Spielzeugfabrik machten Archäologen einen spektakulären Fund: den ältesten Spielzeugweihnachtsmann der USA – und der trug Blau. Der rote Einheitsdress für Santa Claus setzte sich erst Anfang der Dreißigerjahre durch. Doch nun erlebt der blaue Mantel ein Comeback.

Archäologen finden auf ihren Ausgrabungen so einiges: Häuserruinen, zerbrochene Töpfe oder vielleicht sogar die eine oder andere Mumie. Doch nur wenige haben das Glück, einen so spektakulären Fund zu machen wie Brian Graham vor drei Jahren. Graham fand den Weihnachtsmann, genauer gesagt: den Ur-Weihnachtsmann. Die nur etwa sechs Zentimeter große Figur aus salzglasierter Keramik, die er aus den Ruinen der American Marble & Toy Manufacturing Company in Akron (Ohio) grub, ist die älteste bekannte dreidimensionale Darstellung des amerikanischen Santa Claus.

Der kleine Weihnachtsmann trägt noch keinen roten Mantel wie seine heutigen Nachfahren, sondern ist wie sein russischer Verwandter „Väterchen Frost" in Eisblau gekleidet. Denn als er zu Beginn des 20. Jahrhunderts in der Spielzeugfabrik das Licht der Welt erblickte, gab es noch keinen einheitlichen Dresscode für amerikanische Weihnachtsmänner. Sie waren entweder in Fell gekleidet (wie in zwei Weihnachtsgedichten aus den Zwanzigerjahren des 19. Jahrhunderts beschrieben), trugen Rot (wie der Weihnachtsmann, den der Karikaturist Thomas Nast für die Zeitschrift „Harper's Weekly" 1863 im Amerikanischen Bürgerkrieg Geschenke an die Soldaten der Union austeilen ließ) oder eben eine blaue Robe, wie ihre russischen und deutschen Vorbilder.

Erst ab 1931, als der blaue Weihnachtsmann aus Akron schon lange unter der Erde lag, wurde die rote Robe zum Einheitsdress. Das behauptet zumindest die Coca-Cola Company, die sich gern damit brüstet, ihr Cartoonist Haddon Sundblom hätte den roten Mantel in den Farben des Brause-Logos überhaupt erst erfunden. Tatsache ist, dass Sundblom von 1931 bis 1966 jedes Jahr mindestens einen Santa Claus für Coca-Cola entwarf, und die Weihnachtsmann-Werbekampagnen alle Jahre wieder ein riesiger Erfolg wurden. Spätestens seit Sundblom also traute sich kein amerikanischer Weihnachtsmann mehr in einer anderen Farbe als Rot auf Straßen, Märkte oder in Kinderzimmer.

Siegeszug der billigen Spielzeugproduktion

Obwohl vom Coca-Cola-Kommerz noch unberührt, ist die kleine Figur aus Akron trotzdem ein historisches Dokument des frühen amerikanischen Konsumbegehrens. Denn sie ist eines der ersten Spielzeuge überhaupt, die in Massenproduktion gefertigt wurden. 1884 baute Samuel C. Dyke die American Marble & Toy Manufac-

Die älteste bekannte Weihnachtsmannfigur, von Archäologen 2006 bei Ausgrabungen in Ohio entdeckt, trägt einen blauen Mantel. Als das Keramikmännchen zu Beginn des 20. Jahrhunderts hergestellt wurde, gab es in den USA noch keinen einheitlichen Dresscode für Santa Claus.

turing Company. Hier fertigten Arbeiter Murmeln und Spielzeuge im Akkord – jeder von ihnen konnte zwischen 800 und 1000 Murmeln in der Stunde schaffen.

„Von 1884 bis 1904 verließen jeden Tag eine Million Murmeln die Fabrik – das sind fünf Güterwaggons voll, sechs Tage die Woche", erzählt Michael Cohill, Direktor des American Toy Marble Museum. Außer Murmeln produzierte Dyke in seiner Fabrik auch sogenannte Penny Toys: kleine Keramikfiguren, die wir heute als „Nippes" bezeichnen würden. „Wir fanden Katzen und Hunde, Männerstiefel und Frauenschuhe und ganz viele kleine braune Krüge in unterschiedlichen Formen und Größen", beschreibt Cohill die Bandbreite der Produktion. Sogar der Wolf, der Rotkäppchen und die Großmutter verschlang, rollte hier vom Fließband.

Mit Dyke's Penny Toys brach eine neue Ära in den amerikanischen Kinderzimmern an. Bis dahin waren Spielzeuge vor allem hausgemacht. Die Mutter nähte der Tochter eine Puppe aus alten Stoffresten. Oder Großvater schnitzte dem Enkel ein Pferdchen. Doch als die Murmeln güterwaggonweise aus den Hallen der American Marble & Toy Manufacturing Company rollten, wurde eine ganz neue Art von Spielzeug erschwinglich.

„Die Produktionsmassen waren so gewaltig, dass selbst ein Kind nun für nur einen Penny schon eine handvoll Murmeln oder Penny Toys erstehen konnte", erklärt Cohill. „Auch der blaue Weihnachtsmann war so ein Penny Toy." Ein Wunsch-Weihnachtsmann sollte es sein: „Man konnte ihn in die Hand nehmen und dabei ganz fest an das denken, was man sich zu Weihnachten wünscht. Santa Claus sorgte dann dafür, dass der Wunsch in Erfüllung ging!"

Ein verheerender Brand

Für Samuel Dyke jedenfalls wurden Wünsche wahr. Bereits 1888 war er auf dem besten Weg, mit Penny Toys zum Millionär zu werden. Sein Konzept war so überzeugend, dass bald weitere Geschäftsleute von Akron seinem Beispiel nacheiferten. In den Zwanzigerjahren des 20. Jahrhunderts beheimatete die Stadt nicht weniger als 32 Murmel-Fabriken. Als dann das Gummi seinen Siegeszug als billiges Material für Spielzeug antrat, eröffneten dazu noch Fabriken für Gummibälle, Gummi-Enten und Gummiluftballons.

Aus zeitweilig bis zu 160 Akroner Fabriken quollen die billigen Spielzeuge für die Kinder der gesamten USA. In Kaliforniens Badewannen schaukelten Quietscheenten aus Akron, über die Schulhöfe Maines rollten Bälle aus Akron und die Kindergeburtstage in Texas wurden mit Luftballons aus Akron gefeiert. Noch heute sitzen in der Stadt die drei großen Spielzeugfabrikanten Little Tykes, Step Two und Maple City Rubber – der größte Produzent von Luftballons weltweit.

Der ganz große Boom fand allerdings ohne die American Marble & Toy Manufacturing Company statt. Die brannte in einer Nacht des Jahres 1904 bis auf die Grundmauern nieder. Am nächsten

Morgen war Actaeon – der Bruder von Samuel Dyke, der mittlerweile die Geschäfte leitete – ohne ein Wort des Abschieds aus der Stadt verschwunden. Zurück blieb nur ein Haufen Schulden. Denn eine Feuerversicherung hatte es nie gegeben.

Der neue alte Wunsch-Weihnachtsmann

Kaum waren die rauchenden Ruinen hinreichend abgekühlt, kamen die Kinder. Kleine Jungs tapsten mit vorsichtigen Schritten durch die Asche und suchten nach Spielzeugen, die das Feuer verschont hatte. Ihr Mut wurde mit reicher Beute belohnt: „Praktisch alle Jungs von Akron stopften sich am Morgen nach dem Feuer die Taschen mit Murmeln voll", erzählt Cohill. „Der Bürgermeister schickte schließlich die Polizei hin, um sie von der Brandstelle zu verscheuchen." Doch das Spielzeuggrab zog die Kinder an wie ein Magnet. „Schließlich gab der Bürgermeister deshalb den Befehl, die Ruinen der Fabrik zuzuschütten."

Unter der Erde wartete mehr als hundert Jahre lang ein Schatz für Archäologen: Millionen von Murmeln und Penny Toys. „Wir haben Zehntausende davon gefunden", sagt Cohill. „Aus Porzellan, aus Steinzeug, aus gewöhnlichem Ton." Doch unter all dem Spielzeug lag tatsächlich nur ein einziger Weihnachtsmann. „Wir haben sonst nur Scherben von weiteren Exemplaren gefunden – und auch ein paar, die erst halb fertig produziert waren."

In diesem Jahr werden dennoch wieder Tausende von blauen Weihnachtsmännern Akron verlassen. Denn das American Toy Marble Museum produziert inzwischen den Wunsch-Weihnachtsmann als Nostalgieobjekt mit den alten Keramiktechniken von anno 1904. Für einen Penny ist er allerdings nicht mehr zu haben. Der neue alte Santa Claus kostet 15,95 Dollar. ■

Die bigotten Herrscher von Herrington

Die Geschichtsbücher kennen Samuel Chew als Sheriff und Richter, als Stütze der Gemeinde und freigiebigen Quäker. Ausgrabungen im US-Staat Maryland zeigen jetzt allerdings nach und nach, was der fromme Einwanderer wirklich war: ein prunksüchtiger Sklavenhalter.

An einem Winterabend des Jahres 1718 strömen die Bewohner der kleinen Hafenstadt Herrington am Ufer der Chesapeake Bay den Hang hinauf zu dem großen, neuen Haus des Samuel Chew. Sie sind schlicht gekleidet, die Hände tief in den Taschen der grauen Mäntel vergraben, die breitkrempigen Hüte in die Gesichter gezogen als Schutz vor dem Wind und dem Schnee. Es sind Quäker auf dem Weg zum Gottesdienst.

Von drinnen sickert warmes Licht in die Nacht. Sklaven nehmen den Gläubigen die klammen Mäntel ab und führen sie in einen großen Saal. Die Wände sind mit prächtigen Kacheln verziert, der polierte Fußboden glänzt im Licht der vielen Kerzen. Als die Gemeinde versammelt ist – es sind fast alle Einwohner Herringtons –, kann der Gottesdienst der „Gesellschaft der Freunde", wie die Quäker sich nennen, beginnen.

Knapp drei Jahrhunderte später klingelt das Handy von Al Luckenbach, Bezirksarchäologe des Anne Arundel County in Maryland, während er gerade mit seinem Auto die Küstenstraße entlangfährt. Am anderen Ende der Leitung ist sein aufgeregter Assistent John Kille. „Wir haben Delfter Kacheln!", ruft er. Auch eine verdächtig aussehende Steinmauer habe man ausgegraben. „Na, dann habt ihr's wohl gefunden", antwortet Luckenbach trocken. Das Haus von Samuel Chew ist kurz davor, nach langer Zeit wieder ans Tageslicht zu kommen.

Was die Forscher nach monatelanger Suche entdeckt haben, stellt das Bild vom frommen, freigiebigen Quäker Samuel Chew mehr als infrage. Er führte wohl kein schlichtes Leben wie gewöhnliche Mitglieder seiner Religionsgemeinschaft. Edles Geschirr, teure Kacheln aus Europa, ein Fußboden aus Marmor – die Funde der Archäologen lassen keinen Zweifel. Hier lebte ein reicher Mann, der seine Besitztümer zur Schau stellte.

Kalkstein aus der Karibik

Chews Haus war einst das prächtigste Anwesen am Westufer der Chesapeake Bay, der größten Flussmündung der USA. So groß war das Gebäude, so weithin sichtbar, dass es den Schiffen in der Bucht zur Orientierung diente. In einer groben Karte von 1776 ist es noch eingezeichnet: zwei Stockwerke, zwei Schornsteine und ein Kuppeldach mit Türmchen darauf. Viel mehr wussten die Archäologen nicht, als sie mit der Suche begannen.

Nachdem sie den Ort gefunden hatten, mangelte es an zwei entscheidenden Dingen für eine Ausgrabung: an Geld und an Leuten. Also mobilisierten Luckenbach und Kille einen Trupp aus Praktikanten und Freiwilligen. Sie gruben den ganzen Sommer hindurch an jeweils zwei Tagen der Woche, mehr war nicht drin. Was sie dann aber unter Gerber- und Goldrutensträuchern fanden, übertraf selbst die kühnsten Erwartungen der Forscher.

Die „verdächtig aussehende Steinmauer" bestand aus Kalkstein – ein Import aus der Karibik. Sie war einst Teil des Fundaments. In dem Haus waren vier verschiedene Arten von Ziegeln verbaut und drei verschiedene Arten von poliertem Stein, darunter sogar Marmor. „Marmor hatte ich in dieser Gegend vorher noch nie zu sehen bekommen", sagt Luckenbach.

Die Decken waren mit aufwendigen Stuckarbeiten verziert, die Wände mit handbemalten Kacheln aus dem holländischen Delft. Die Chews tranken aus zierlichen Kristallkelchen und aßen von feinstem Porzellan einer europäischen Manufaktur. Auf die Teller kamen oft Austern. Deren Schalen liegen überall zwischen den Trümmern.

Welcher Samuel Chew baute das Haus?

Der Grundriss des Gebäudes ist über 400 Quadratmeter groß. Bei zwei Stockwerken und wahrscheinlich voller Unterkellerung bewohnte die Familie Chew ein Domizil von weit über 1000 Quadratmetern. „Die Elite der Gegend wollte ihren Reichtum zur Schau stellen", sagt Luckenbach, „und Chew war darin allen eine Nasenlänge voraus."

Wer war der Herr über dieses Reich? Ganz sicher sind die Archäologen noch nicht. Das Haus wurde wahrscheinlich um 1718 erbaut und brannte 1772 nieder. Seit Mitte des 17. Jahrhunderts residierten nacheinander fünf Samuel Chews an der Chesapeake Bay, alle mehr oder weniger direkte Nachfahren voneinander. Die Archäologen haben sie durchnummeriert. Wahrscheinlichster Kandidat für den Bau des Chew-Hauses ist Samuel Chew III, vielleicht errichtete es aber auch sein Vater, der einflussreiche Richter Samuel Chew II.

Bigotterie im Luxus: Wie die Chews Sklaven für ihren Reichtum schuften ließen – und warum bis heute der Geist einer lange toten Tochter der Familie Chew spuken soll

Die Familie war einst dem Ruf von Lord Baltimore aus England in die Neue Welt gefolgt. Die von ihm gegründete Kolonie Maryland erschien dem Lord viel zu katholisch – in den Nachwehen des Englischen Bürgerkriegs eine ungünstige Gesinnung. Also holte Baltimore schiffeweise Puritaner aus der Alten in die Neue Welt, von denen viele Familien einige Jahrzehnte später zum Quäkertum konvertierten.

Glaubt man dem Mythos, der die Geschichten aus den frühen Jahren der damals noch britischen Kolonien umweht, dann war in Herrington, Maryland, die Welt sehr heil. Die Quäker kleideten sich bewusst schlicht in einheitlichem Grau, ihre Häuser waren einfach in Bau und Einrichtung. Sie zogen vor niemandem den Hut, denn in den Augen der Quäker waren alle Menschen gleich, egal ob Mann oder Frau, egal ob weiß oder schwarz. Im späteren Kampf gegen die Sklaverei standen die Quäker stets an vorderster Front.

Die Chews zählten innerhalb ihrer Gemeinde zu den Quäkern der ersten Stunde. Als 1672 George Fox, der Gründer der Religionsgemeinschaft, durch Herrington zog, notierte er in seinem Tagebuch über ein Treffen: „Anwesend war auch ein Richter". Gemeint war Samuel Chew, der in seiner Heimatstadt verschiedene öffentliche Ämter bekleidete. Er war Richter, Politiker und Sheriff.

Kein Zweifel, Samuel Chew herrschte in Herrington. Oft und gerne stellten die Chews ihre Häuser für die Gottesdienste zur Verfügung, und sie stifteten in den ersten Jahren des 18. Jahrhunderts auch großzügig Land, auf dem ein Versammlungshaus für die Gemeinde errichtet wurde.

Bigotter Sklavenhalter

Vom exquisiten Lebensstil der ehrenwerten Familie wusste man bisher wenig. Noch erschütternder als die irdischen Besitztümer ist aber die Art und Weise, wie die Chews zu ihrem Reichtum kamen. Ein Blick in die Archive der Stadt enthüllt die wahre Gesinnung des frommen Freundes: Sowohl Samuel Chew II als auch III waren Händler und Tabakfarmer. Während andernorts Quäker ihr Leben für die Gleichberechtigung von Sklaven aufs Spiel setzten, ließen die Chews auf ihren Ländereien für den Tabakanbau, die damals arbeitsintensivste Form von Landwirtschaft, bis zu 140 Sklaven schuften.

Vielleicht ist es diese Bigotterie, die Anne Chew bis heute keine Ruhe lässt. Die Tochter der einflussreichen Familie lebte in der ersten Hälfte des 18. Jahrhunderts in Maidstone, einem ganz in der Nähe gelegenen Anwesen der Chews. Das herrschaftliche Haus steht noch heute. Zur Geisterstunde sehen seine jetzigen Bewohner angeblich immer wieder eine grau gekleidete Frau langsam durch die Räume schreiten. Man sagt, es sei der Geist der Anne Chew, die keinen Frieden finden kann. ■

Spiele-Software lässt Atlantis der Nordsee auferstehen

Fruchtbare Flusswiesen, Schilfgürtel, Strände: Vor 8000 Jahren streiften unsere Vorfahren zwischen England und Dänemark durch diese Landschaft. Dann versank Doggerland im Meer. Archäologen haben die Landbrücke jetzt als 3-D-Modell rekonstruiert – mithilfe einer Spiele-Software für Ego-Shooter.

Mit dem Ende der Eiszeit kam das Wasser. Vor etwa 8000 Jahren versanken die Landflächen, die einst das heutige England mit dem europäischen Festland verbunden hatten. Menschen waren auf dem breiten Landgürtel sesshaft geworden, nun mussten sie weichen.

Vince Gaffney gehört zu den Ersten, die nach acht Jahrtausenden wieder einen Blick auf die flache Landschaft zwischen England, Deutschland und Dänemark werfen konnten. Gemeinsam mit seinen Kollegen von der University of Birmingham hat er 1600 Kilometer Flussläufe kartiert, 24 Seen und ein Binnenmeer mit einer Fläche von 1700 Quadratkilometern. Die Daten für das Projekt lieferte eine Firma, die normalerweise die Beschaffenheit des Meeresbodens untersucht, um dort Öl zu fördern. „Das Land, das heute am Boden der Nordsee liegt, war weitaus mehr als nur eine Landbrücke zwischen England und dem Kontinent", sagt Gaffney. „Hier lag das Herz des mesolithischen Nordeuropa." Der Name des versunkenen Landstrichs: Doggerland.

Benannt wurde die untergegangene Landmasse nach einer Untiefe in der Nordsee, die etwa 90 bis 110 Kilometer vor der britischen Küste liegt, der Doggerbank. Seit die Fischer der Nordsee mit Schleppnetzen nach Schollen, Seezungen oder Garnelen jagen, kennen sie ein lästiges Phänomen in den Gewässern der Doggerbank. Sperrige Holzstücke, Knochen oder sonstige Gerätschaften verfangen sich in den Netzen und richten mitunter großen Schaden an.

Paradiesische Idylle

Der Erste, der den ungewöhnlichen Funden der Fischer systematische Aufmerksamkeit schenkte, war der britische Geologe und Paläobotaniker Clement Reid (1853–1916). Aus den Souvenirs vom Meeresgrund konnte Reid das ungefähre Bild einer blühenden Landschaft rekonstruieren. Wo heute Garnelen über den Sandboden wedeln, schlichen einst Wolf und Hyäne durch dichtes Farn-, Hasel- und Sanddorngestrüpp, stapften Bären und Elche durch Weidehaine und Birkenwäldchen, grasten Wollnashörner, Pferde und Mammuts auf sumpfigen Graswiesen und bauten Biber ihre Dämme an unzähligen kleinen Flüsschen.

Doch erst 15 Jahre nach Reids Tod verfing sich im Schleppnetz eines Trawlers der erste Beweis dafür, dass diese paradiesische Idylle auch von Menschen bewohnt war. Im September 1931 fanden Fischer vor der Küste Norfolks ein ungewöhnlich großes Stück Torf in ihrem Netz. Pilgrim Lockwood, der Skipper der „Calinda", stocherte es auseinander. Zum Vorschein kam eine 21,6 cm lange prähistorische Harpune mit kunstvollen Verzierungen. Eine Radiokarbonuntersuchung datierte das Stück auf etwa 11 740 vor Christus.

Eintönige Fleisch- und Fischdiät?

„Wir wissen über die Mittelsteinzeit erschreckend wenig", sagt Gaffney über den außergewöhnlich schönen Fund. „Die Ausstellungsstücke in den Museumsvitrinen erzählen nur von der extremen Haltbarkeit der Materialien Stein und Knochen. Über das tatsächliche Leben im frühen Holozän sagen sie gar nichts." Entsprechend neigen wir dazu, uns das Mesolithikum als ziemlich ungemütliche Zeit vorzustellen. „Die Frage ist jedoch nicht, was erhalten geblieben ist – sondern was gerade nicht erhalten geblieben ist."

Er erklärt diesen Missstand anhand des mesolithischen Speiseplans. Der scheint, wenn man die archäologischen Reste betrachtet, aus einer eintönigen Fleisch- und Fischdiät bestanden zu haben. Knochen und Gräten erhalten sich eben besonders gut. Um aber Pflanzenreste noch nach 8000 Jahren finden zu können, müssen sie vollständig karbonisiert – also im Kochfeuer verbrannt – sein. „Und jetzt denken Sie mal darüber nach, wie oft Sie – wenn Sie nicht gerade ein Student im ersten Semester sind – in Ihrer Küche eine vollständig verbrannte Kartoffel oder Lauchstange zustande kriegen."

In die Kochtöpfe können Gaffney und seine Kollegen den Doggerländern leider noch nicht schauen. Dazu sind die Daten zu grob gerastert. „Als wir bei der Firma Petroleum Geo-Services (PGS) anfragten, glaubten die gar nicht daran, dass uns die Daten überhaupt nutzen könnten." Zum Glück aber hatte der damalige Projektleiter Ken Thompson gute Verbindungen und ausgezeichnete Überredungskünste.

Zu Anfang schenkte PGS den Archäologen 6000 Quadratkilometer. Als erste Erfolge sichtbar wurden, legten sie noch einmal 17 000 Quadratkilometer obendrauf. Die Auflösung ist in der Tat sehr grob. Ein Volumenpixel, Voxel genannt, entspricht 50 mal 50 mal 10 Metern. Trotzdem war das Projekt die größte Rechenleistung, die je in der Archäologie in Angriff genommen wurde. 18 Monate lang arbeiteten sich drei Vollzeitangestellte durch rund ein Terabyte – also 1000 Gigabyte – Daten. Eugene Ch'ng von der University of Wolverhampton verwandelte die Rohdaten dann in bewohnte Landschaften – mit einer von der deutschen Firma Crytec entwickelten Spiel-Engine, die normalerweise virtuelle Welten für Computerspiele wie „Far Cry" fabriziert.

Britische Inseln damals unbeliebt

Und langsam nahm Doggerland am Computerbildschirm Gestalt an. „Die Landschaft war für unsere Augen absolut unattraktiv", beschreibt Gaffney die sumpfige Weite. „Keine lieblichen Hügel, keine Berge. Nur plattes, nasses Land." Was vielleicht optisch nicht so schön war, bot jedoch ausgezeichnete Lebensbedingungen für Tiere und Pflanzen. Das Nahrungsangebot war reichlich. In den Schilfgürteln nisteten Enten, die Gewässer wimmelten von Fischen.

„Das sah wahrscheinlich dem heutigen Rhein-Maas-Delta in den Niederlanden ziemlich ähnlich." Die heutigen britischen Inseln dagegen erhoben sich in weiter Ferne als unwirtliche Felsen. „Da wollte im Mesolithikum kaum jemand wohnen."

Dann aber kam das Wasser – nicht schnell, aber merklich. Stück für Stück fraß sich die See vor, immer nach dem gleichen Schema. Zunächst versalzten die Uferwiesen, dann wurden sie immer feuchter, bis sie schließlich ganz unter Wasser lagen. „Vielleicht war es gerade dieser Verlust von bewohnbarer Fläche, der die Menschen in die Sesshaftigkeit trieb," spekuliert Gaffney.

Die Menschen mussten immer näher zusammenrücken. Ihre Jagdgründe, die einst keine Grenzen kannten, schienen auf einmal endlich und mussten zudem noch mit weiteren Essern geteilt werden. „Vielleicht wollten die Menschen mit dem Bau von Häusern ihre Zugehörigkeit zu dem Land demonstrieren."

Ein sehr wahrscheinlicher Kandidat für eine dieser ersten Siedlungen ist die Brown Sandbank vor der niederländischen Küste. „Dort einmal genauer nachzuschauen, wäre jetzt der nächste

Leben in Doggerland: Einst schlichen Wolf und Hyäne durch dichtes Farn-, Hasel- und Sanddorngestrüpp, und Bären und Elche stapften durch Weidehaine und Birkenwäldchen. Aber auch der Mensch war hier zu Hause.

Schritt", sagt Gaffney. Die Folgeprojekte müssen jedoch leider ohne die treibende Kraft von Ken Thompson auskommen. Der konnte zwar noch einen ersten Blick auf Doggerland werfen. Dann aber, kurz nachdem die ersten Bildern der wiederentdeckten Landschaft fertig waren, starb er im Alter von nur 41 Jahren an einem Herzinfarkt. ■

MUMIEN, HEXEN UND PIRATEN

Hexerei und Zauberkraft – alles Humbug? Mitnichten! Die Archäologie findet immer wieder Belege, dass es Hexen und Zauberer in grauer Vorzeit tatsächlich gab – oder zumindest Leute, die an sie glaubten. Die Archäologie ist ein ideales Werkzeug, um Legenden zu prüfen: Warum schreien Mumien? Welcher Stein in der Mauer des irischen Blarney Castle hat wirklich magische Kräfte? Und was genau wollte eigentlich der Pirat Blackbeard mit einer französischen Harnröhrenspritze?

Die Hexengruben von Cornwall

Auf Schwanenhaut gebettete Eier und tote Elstern in kleinen Erdlöchern: In Südengland hat eine Archäologin Spuren eines mysteriösen Rituals entdeckt. Was steckt hinter dem bizarren Vogelzauber, der im 17. Jahrhundert mit dem Tod auf dem Scheiterhaufen bestraft wurde?

Seit 1482 gehören alle Höckerschwäne, die in England auf öffentlichen Gewässern schwimmen, dem Königshaus. Und wenn es um das Wohl der äußerst schmackhaften weißen Vögel geht, versteht die Krone keinen Spaß. Noch 2005 musste sich der Komponist Sir Peter

Maxwell Davies dafür verantworten, als die Polizei in seinem Haus Reste eines gerupften Schwanes fand, der nach einer Kollision mit einer Hochspannungsleitung tot vom Himmel gefallen sein soll.

Was heute nur noch als Kavaliersdelikt geahndet wird, konnte Engländer Mitte des 17. Jahrhunderts das Leben kosten. Vor allem, wenn der Schwan gar nicht in einem Akt des Mundraubes getötet wurde, sondern für ein weitaus schwerwiegenderes Verbrechen: Hexerei. Wer bei solcher erwischt wurde, landete direkt auf dem Scheiterhaufen.

Das hielt die Bewohner des kleinen Weihers Saveock Water nahe der südenglischen Stadt Truro nicht davon ab, gelegentlich den einen oder anderen Schwan zu entwenden. Die eindeutigen Indizien für das Vergehen im County Cornwall hat jetzt rund 350 Jahre später die Archäologin Jacqui Wood gefunden.

Ausgräberin Jacqui Wood an einer der mysteriösen Gruben: „Mir fällt einfach keine andere Erklärung für diese Anordnung ein als ein heidnisches Ritual.“

Zunächst konnte die Ausgräberin wenig mit dem merkwürdigen Arrangement anfangen, das sie im nassen Ton einer natürlichen Quelle entdeckte: Nah beieinander lagen mindestens 35 Gruben, alle etwa 40 mal 35 Zentimeter groß und 17 Zentimeter tief. Einige davon waren mit der Haut eines Schwans ausgelegt, die weißen Federn nach innen, wie ein weiches Bett. An den Seiten lagen die Körper von zwei Elstern und in der Grube, sorgfältig aufgehäuft, Eier – in allen Größen, von Zwerghuhn bis Ente, bis zu 55 Stück pro Grube.

Vorratslager oder Brutstation?

Die Schalen hatten die Jahrhunderte nicht überlebt, wohl aber die schützende Membran, die den Blick auf den Inhalt der Eier freigab: fertige Küken, kurz vor dem Schlüpfen. Dazwischen lagen Kieselsteine und Vogelkrallen, sorgfältig in Blätter zu kleinen Päckchen gewickelt. Andere Gruben waren leer. Doch vereinzelte Federn und Steinchen auf ihrem Grund verrieten der Ausgräberin, dass auch sie einst als Lager für diese seltsamen Sammelsurien gedient hatten.

Wood überlegte lange, ob es für diese Gruben eine rationale Erklärung geben könnte. Eine Brutstation für Vögel? Doch warum dann die Haut der verbotenen Schwäne und die toten Elstern? „Mir fällt einfach keine andere Erklärung für diese Anordnung ein als ein heidnisches Ritual", erklärt Wood mit einer gewissen Resignation. Denn ihr ging es in ihrer Karriere als experimentelle Archäologin eigentlich immer darum, scheinbar rituelle Handlungen oder Gegenstände zu entmystifizieren. „Wenn Archäologen etwas nicht gleich verstehen, dann nennen sie es gewöhnlich ‚magisch' oder ‚rituell'", wettert sie gegen die gängige Praxis. „Und jetzt finde ironischerweise ausgerechnet ich etwas, das nun wirklich kaum anders zu interpretieren ist."

Was sollte der Vogelzauber bewirken? Es musste etwas sehr Wichtiges sein, wenn die Leute in Saveock Water dafür ihr Leben riskierten. Ein erster Anhaltspunkt sind die Schwäne. Sie galten als Tiere der christlichen Heiligen Brigida von Kildare, Schutzpatronin der Schmiede, Milchmädchen und Poeten – aber auch der Hebammen und der Neugeborenen. Die Kieselsteine stehen auch mit den großen Wasservögeln im Zusammenhang. Sie stammen aus einem etwa 25 Kilometer entfernten See, der von den Einheimischen „Swan Pool" genannt wird.

Warum fand der Kult ein plötzliches Ende?

Elstern, die sich ebenfalls in den Löchern fanden, werden noch heute in Cornwall abergläubisch beäugt. „Eine für Sorgen, zwei für Freud", sagen die Leute, wenn sie einen der schwarz-weißen Vögel sehen. Und Eier sind weltweit das Symbol für Fruchtbarkeit schlechthin. „Meine Theorie ist, dass junge Frauen, die im ersten Jahr der Ehe nicht schwanger wurden, mit diesen Opfergruben die höheren Mächte um Hilfe baten", spekuliert Wood. Wirkte der Zauber, kamen sie zurück, verbrannten den Inhalt der Gruben und ließen so die Seelen der toten Vögel frei. „Von diesen glücklichen Fällen erzählen dann jene Gruben, die wir leer gefunden haben." Die Frauen hingegen, die die heute noch gefüllten Gruben anlegten, blieben kinderlos – oder aber starben auf dem Scheiterhaufen, bevor sie zu ihrer Grube zurückkehren konnten. „Das ist aber alles nur Theorie", sagt Wood. „Ich habe viele Experten und Kollegen auf der ganzen Welt gefragt, aber niemand kennt vergleichbare Funde oder Parallelen aus der Volkskunde."

In Saveock Water wurde in jenen Tage noch mehr gehext. Gleich neben den Schwanengruben fand die Archäologin ein Quellbecken, dessen Füllung voller Stoffstreifen war. 125 verschiedene Textilien hat sie gefunden, darunter auch drei feine Wolle-Seide-Mischungen. „So etwas trugen nur sehr reiche Leute", sagt Wood. „Die Bewohner von Saveock Water arbeiteten in der nahen Mühle, sie besaßen so kostbare Kleider mit Sicherheit nicht." Auch viele Teile von Schuhen lagen im Wasser, Schnallen und jede Menge Nadeln, viele aus Messing.

Das plötzliche Ende des mysteriösen Treibens

An ihnen konnte Wood den Inhalt des Quellbeckens datieren. Sie alle stammen aus der ersten Hälfte des 17. Jahrhunderts, aus derselben Zeit also, in der die Schwanengruben angelegt wurden. Dazu kamen Zweige von Heidekraut und zahllose Kirschkerne, aber auch menschliche Haare und abgeschnittene Fingernägel. Als ob diese Mischung nicht schon genug Beleg für Hexenzauber sei, fand Wood zu allem Überfluss auch noch die Reste eines soliden, alten Kessels. „Die haben ihren Hexenkessel gleich mit versenkt", sagt die Ausgräberin und lacht.

Die Stoffstreifen sind Zeugnis eines Rituals, das heute noch in Cornwall und anderen keltisch beeinflussten Regionen Englands Tradition hat. An sogenannten „clootie wells" tauchen Kranke ein Stück Stoff ihrer Kleidung in das Wasser und binden es dann an die darüber hängenden Zweige eines Baumes. Wenn der Stoff langsam verrottet, verschwindet auch die Krankheit – sagt der Volksglauben. „Viele kommen auch zu einer dieser Quellen, um einfach nur zu beten", sagt Wood. „Sie gelten als heilige Orte. Der Stoffstreifen soll das Gebet noch intensiver machen, als ob man einen Teil von sich selbst dort zurücklässt."

Das Ende der Zauberei kam jedenfalls ganz plötzlich um die Mitte des 17. Jahrhunderts. Das Quellbecken wurde hastig verfüllt, und keine neuen Schwanengruben wurden mehr angelegt. „Zu der Zeit zogen die Häscher Oliver Cromwells durchs Land", erklärt Jacqui Wood. In den unruhigen Jahren der Kirchenkonflikte und des Bürgerkriegs wollte der Puritaner Cromwell alles Heidnische ausmerzen. Wer den Lehm in die „clootie wells" schüttete, ist heute nicht mehr zu klären. Vielleicht waren es Cromwells Leute. Vielleicht aber waren auch die Hexen von Saveock schneller und konnten noch rechtzeitig alle Spuren ihres Tuns verwischen. ■

Hexenkult bis in die Fünfzigerjahre

Waren in Cornwall bis vor Kurzem Hexen aktiv? Archäologen haben in Opfergruben am Rande einer alten keltischen Heilquelle Tierkadaver und angebrütete Eier entdeckt, die dort vor Hunderten Jahren vergraben wurden. Laboranalysen ergaben jetzt: Das bizarre Treiben endete erst in den Fünfzigerjahren.

Britische Häuser kommen oft mit ihrer eigenen Gruselgeschichte daher. Da heult eine einsame Seele auf dem Dachboden, hier poltert ein unruhiger Geist über den Flur. So manches Gespenst macht eine Immobilie gar erst attraktiv. Als Jacqui Wood 1983 in Saveock Mill einzog, ahnte sie noch nicht, welch mysteriöses Treiben sich einst in ihrem Garten abspielte.

Saveock Mill ist eine alte Mühle aus dem 17. Jahrhundert. Zu dem Haus gehört ein riesiges Grundstück, inklusive eines kleinen Bächleins namens Tinny Brook. Jacqui Wood ist von Beruf Archäologin. Und so war sie hocherfreut, als sie eines Tages am Ende ihres Gartens, unten am Ufer des Tinny Brook, neolithische Pfostenlöcher entdeckte. Der Fund ist an sich für Cornwall nicht ungewöhnlich. Schließlich ist die attraktive Landzunge in den Armen des Golfstroms schon seit der Altsteinzeit mehr oder weniger dicht besiedelt. Wood machte die Fundstelle zu einer Lehrgrabung und wühlt sich seitdem gemeinsam mit Schülern und Studenten Meter um Meter durch ihr Grundstück.

Eier mit Küken, Katzen und Hunden

Dort kamen spektakuläre Dinge zutage: ein bronzezeitlicher Kupfer-Brennofen, eine heilige Quelle, Fingernägel, Kleidungsreste – und Gruben, die auf einen alten Hexenkult hinwiesen. Mehr als 35 Löcher fand Wood am Ufer des Tinny Brook, alle etwa 40 mal 35 Zentimeter groß und 17 Zentimeter tief, ausgelegt mit der Haut eines Schwans, die Federn nach innen gedreht, darin Elstern und Eier mit Küken, die kurz vor dem Schlüpfen standen.

Die jüngste Grabung brachte einige Überraschungen zutage: In einer Grube fand Wood eine schwarze Katze, kurze Zeit später einen Hund: sorgfältig gehäutet, die Grube mit dem schwarzen Fell ausgelegt, darauf zusammengerollt der nackte Kadaver.

Wood reiste von Konferenz zu Konferenz und berichtete von den Funden aus ihrem Garten. Doch kein Kollege hatte je ähnliche Dinge auf seinen Ausgrabungen gesehen: Weder Schwanenkult noch Eierkult noch Haustierkult war ihnen je untergekommen. Auch die Volkskundler konnten nicht weiterhelfen. „Wahrscheinlich ist der Kult so geheim, dass er immer noch in meinem Garten praktiziert wird, und ich bekomme es nur nicht mit", pflegte die Archäologin zu witzeln.

Hundekadaver stammt aus den Fünfzigerjahren

Doch als sie jetzt die Kohlenstoff-14-Datierungen für die toten Vögel, die Katze und den Hund aus dem Labor zugeschickt bekam, stockte ihr das Lachen. Die Vögel starben um das Jahr 1640. Die Katze wurde um 1740 in die Grube gelegt, sechs Jahre nachdem in England der „Witchcraft Act" die Hexerei quasi legalisiert hatte. Doch als Wood die Daten des Hundes las, musste sie sich erst einmal setzen: Die Knochen waren frühestens in den Fünfzigerjahren des vergangenen Jahrhunderts in die Grube gelegt worden – vielleicht auch später.

Eher unwahrscheinlich ist, dass ein Haushund zufällig zwischen den Hexen-Hinterlassenschaften landete. Und der Besitzer hätte ihm wohl auch kaum das Fell abgezogen, um damit die Grube auszulegen – auf die gleiche Art, wie es den Schwänen 300 Jahre zuvor widerfahren war.

Hexengeschichten aus dem Pub

Seit 30 Jahren wohnt Wood in der Saveock Mill – aber von Hexenzauber auf ihrem Grundstück hat sie niemals erfahren. Darauf kam das Gespräch erst, als einer ihrer Studenten am Abend im Red Lion Pub im Nachbarort von den neuen Datierungen erzählte. „Hinter den Bahngleisen lebten die Hexen", berichteten die alten Männer am Tresen. Eine Brücke über die Gleise hatte das Hexen-Grundstück bis in die Sechzigerjahre mit dem Garten von Saveock Mill verbunden.

Zu den angeblichen Hexern zählen die Pub-Besucher auch Harold Burnett, der kinderlos im Jahr 1945 starb. Seine Hütte vererbte er seinen beiden Nichten, den Burnett Sisters. Den Nachbarn erschienen die beiden Frauen verdächtig, die unter einfachsten Bedingungen lebten. Im Dorf hieß es, die Schwestern tranken nie etwas anderes als Regenwasser vom Dach ihrer Hütte. Geheiratet haben sie nie. Als die Letzte der beiden starb, ging das Haus an ihren Neffen.

„Wahrscheinlich waren es die Burnett Sisters, die irgendwann nach 1950 den Hund in die Grube legten", spekuliert Wood. „Da die Eisenbahnbrücke schon nicht mehr stand, als ich hier einzog, habe ich nie Kontakt zu diesen Nachbarn auf der anderen Seite der Gleise gehabt." Jetzt sei sie gespannt, was sie noch so alles in den Gruben finde. ■

Das Geheimnis der toten Piraten

Sie geistern durch Hollywood-Filme, Kinder- und Geschichtsbücher, doch für Forscher sind Piraten so gut wie unsichtbar.
Archäologen finden weder Schatzkarten noch Handprothesen
mit Enterhaken. Nur mit viel Geduld gelingt die Suche – dann
aber gibt es einige Überraschungen.

Wie lehrte es Indiana Jones in „Der letzte Kreuzzug" seine Studenten? „Archäologie ist die Suche nach Fakten. Nicht nach der
Wahrheit." Wer an der Wahrheit interessiert sei, solle einen Phi-
losophiekurs belegen, sagte er seinen Zuhörern. Sie sollten „diese Geschichten von verborgenen Städten" vergessen: „Wir folgen

Johnny Depp alias Captain Jack Sparrow: Seit „Fluch der Karibik" ist der schlitz-
ohrige Frauenheld Sparrow für uns zum Inbegriff des Piraten geworden.

keinen alten Karten, entdecken keine vermissten Schätze – und noch nie hat ein X irgendwann irgendwo einen bedeutenden Punkt markiert."

Doch wenn kein X ihre Schätze markiert – wie erkennt dann ein Archäologe einen Piraten? Am Holzbein? An der Augenklappe? Am Haufen leerer Rumflaschen? Oder vielleicht am Skelett des Papageien in unmittelbarer Nähe seiner Schulter?

„Keiner dieser Hinweise wurde je bei einem Piraten gefunden", sagt Russell Skowronek von der kalifornischen Santa Clara University. Der Archäologe geht der Frage nach, warum vom ganzen Goldenen Zeitalter der Piraterie von 1650 bis 1725 so gut wie keine Artefakte erhalten sind.

Spätestens seit der Filmtrilogie „Fluch der Karibik" haben viele bei der Erwähnung des Wortes Pirat eine grell-elegante Erscheinung à la Johnny Depp als Jack Sparrow vor Augen. Doch weit gefehlt. In den tatsächlichen archäologischen Hinterlassenschaften kommen die Piraten nicht so auffällig daher. Keine schwarze Flagge weht an den Masten ihrer Schiffswracks.

Vollständig von Korallen umwachsen

„Archäologisch betrachtet sind Piraten unsichtbar", sagt Skowronek. Weltweit fanden die Unterwasserarchäologen bislang nur vier Schiffe, die nachweislich von Piraten gesegelt wurden: die „Speaker" von John Bowen, Black Sam Bellamys „Whydah", William Billy One-Hand Condents „Fiery Dragon" und die „Queen Anne's Revenge" des berüchtigten Captain Blackbeard.

Von der „Speaker" ist nicht mehr viel übrig. Als das Team des französischen Historikers Patrick Lizé 1980 vor der Küste von Mauritius nach den Resten tauchte, fanden sie lediglich einige nautische Instrumente, Perlen, Goldbarren, Tonpfeifen, Kanonen und Munition – verstreut über 5000 Quadratmeter Korallenriff, viele der Artefakte vollständig von Korallen umwachsen. Daran, dass es sich um die Überreste der 1702 gesunkenen „Speaker" handelte, bestand kein Zweifel. Denn es gab zeitgenössische Berichte über den ungefähren Ort ihres Verbleibs – und weit und breit kein anderes Schiffswrack aus jenen Jahren. Ein Glücksfall für die Archäologen, denn „nichts an der Fundstelle hätte uns sonst verraten, dass es sich um die Überreste eine Piratenschiffs handelte", sagt Lizé.

Noch eindeutiger präsentierte sich der Fall der „Whydah", die 1717 vor Cape Cod im US-Bundesstaat Massachusetts sank. Die Schatztaucher um Barry Clifford von der Bergungsfirma Maritime Explorations holten 1983 eine schwere Glocke an die Wasseroberfläche – und auf der prangte der Namenszug des Schiffes.

Hätte man jedoch nicht gewusst, dass die „Whydah" unter dem Kommando von Black Sam Bellamy stand, wäre niemand auf die Idee gekommen, in ihr ein Piratenschiff zu vermuten. Im Gegenteil. Hartnäckig hält sich das Gerücht, Piratenschiffe seien demokratisch organisierte Rechtszonen gewesen, in denen der Captain lediglich als „Erster unter Gleichen" seine Mannschaft so lange anführte, bis diese beschloss, ihn wieder abzusetzen. Die Verteilung der Funde von der „Whydah" aber erzählt eine andere Geschichte. Alle Manschetten- oder Mantelknöpfe sowie Gürtelschnallen aus wertvollem Silber lagen dort, wo sich einst das Heck befand – also die Quartiere des Captains und seiner Offiziere. In der Region der Schiffsmitte dagegen, wo die Mannschaft hauste, waren alle Accessoires an der Kleidung aus billigem Blech oder Zinn.

Feinstes Porzellan und mysteriöser Arztkoffer

Im Jahr 2000 startete Clifford erneut eine Expedition, diesmal auf der Suche nach der „Adventure Galley", dem 1698 im Hafen der Île Sainte-Marie vor Madagaskar mutwillig versenkten Flaggschiff des legendären Captain Kidd. Mit im Team war der Historiker und Unterwasserarchäologe John De Bry. Als Clifford bereits öffentlich die Entdeckung von Kidds Schiff feierte, bremste De Bry ihn aus. Was da am Grund des Hafens liege, sei nicht die Adventure Galley. Dafür aber ein viel spektakulärerer Fund: die 1721 gesunkene „Fiery Dragon" von Billy One-Hand Condent. Denn obwohl die Geschichte sich lieber an Kidd erinnert, der tatsächlich nur ein einzi-

Taucher am Wrack der „Fiery Dragon". Das Piratenschiff sank 1721 –
an Bord befanden sich Waren im heutigen Wert von 375 Millionen US Dollar.

ges Schiff kaperte, war Condent der bei Weitem erfolgreichere
Pirat. Allein das Pilgerschiff, das er 1720 in der Nähe von Bombay
unter seine Kontrolle brachte, wird heute auf einen Wert von 375
Millionen US-Dollar geschätzt.

De Bry war sich sicher. Historische Überlieferungen bezeugen,
dass die „Fiery Dragon" ebenfalls in jenem Hafenbecken unter-
ging. Der Rahmen des gefundenen Wracks glich eher der holländischen Bauweise der „Fiery Dragon" als der englischen der „Adventure Galley". Und auch die Ladung datierte in die ersten
Jahrzehnte des 18. Jahrhunderts zurück – als Kidds Schiff schon
längst auf dem Hafengrund rottete. Wertgegenstände wären auf
der „Adventure Galley" gar nicht zu erwarten gewesen. Denn

Kidd ließ den alten, wurmzerfressenen Kahn vollständig räumen, bevor er ihn versenkte.

Was Cliffords Taucher aber an die Oberfläche holten, zeugte von enormem Reichtum: feinstes chinesisches Porzellan, arabisches Geschirr, Kaurischnecken, Muskatnüsse und Aprikosenkerne. So verlockend es auch ist, darin die Ladung der „Fiery Dragon" erkennen zu wollen, einen endgültigen Beweis bleibt der Meeresgrund den Archäologen schuldig. „Und was unterschied die Ladung eines Piratenschiffes letztendlich von derjenigen der Handelsschiffe, die sie ausraubten?", fragt Skowronek.

Das letzte und wohl berühmteste in der Reihe der bekannten Piratenschiffe ist Blackbeards „Queen Anne's Revenge". Sie lief 1718 im Beaufort Inlet vor North Carolina auf eine Sandbank. Seit 1996 ist ihre genaue Lage bekannt. Da Blackbeard vor dem Sinken des Schiffes noch genügend Zeit blieb, sämtliche Wertgegenstände von Bord bringen zu lassen, ist es für Schatzsucher allerdings kein attraktives Ziel. Taucher bargen immerhin mehrere Kanonen mit zugehörigen Kugeln, Keramik, Zinnteller, zwei ungeöffnete Weinflaschen, Tonpfeifen und eine größere Menge Eisenringe, die einst Holzfässer zusammengehalten hatten.

Die wohl interessantesten Funde sind ein Apothekergewicht aus Messing, der Hals einer Medizinflasche mit Korken sowie eine französische Harnröhrenspritze. Solche dienten früher dazu, bei Geschlechtskrankheiten Quecksilber zu injizieren. Handelt es sich hierbei etwa um die Reste von Blackbeards berühmtem Arztkoffer? Über den rätseln die Historiker schon lange. Denn als der Pirat kurz vor dem Untergang seines Flaggschiffs den Hafen von Charleston belagerte, nahm er einige Geiseln. Seine Lösegeldforderung war nichts als ein gut gefüllter Arztkoffer. Allerdings verfügte wohl jedes Schiff über einen solchen Erste-Hilfe-Kasten, sodass auch diese Funde kein endgültiger Beleg für die tatsächliche Anwesenheit Blackbeards an Bord sind.

Warum nur sind die Piraten in der archäologischen Überlieferung quasi unsichtbar? Warum sind ihre Schiffe kaum von den ehrbaren Handelsschiffen jener Zeit unterscheidbar? Die Antwort ist ganz einfach: „Ein leicht erkennbarer Pirat wäre ein toter Pirat gewesen", sagt Skowronek. Schließlich war auf seinen Kopf ein hoher Preis ausgesetzt. ■

Mysteriöses Miraculix-Grab verzaubert Forscher

Druiden gehörten bislang ins Reich der Mythologie – noch nie haben Archäologen nachweisen können, dass es sie wirklich gab. Jetzt haben Ausgräber im antiken Colchester das Grab eines mächtigen Heilers gefunden. War er einer der rätselhaften Druiden?

Es gibt einen Witz unter Archäologen: Finden zwei Archäologen der Zukunft ein öffentliches Toilettenhäuschen von heute. „Wir haben ein Heiligtum gefunden!", jubelt der eine. „Sieh mal, es hat zwei getrennte Eingänge", sagt der andere. „Dieser hier" – er zeigt auf die Tür mit dem Piktogramm der Frau – „war für die Priester. Das sieht man an der Figur im langen Gewand." Der Witz weist auf einen wunden Punkt der Archäologie: Es gibt Dinge, die sich archäologisch nicht unmittelbar nachweisen lassen. Dazu gehören Liebe und Hass, Belohnungen und Drohungen und – Glaube. Zwar gibt es für viele Kulturen Berichte, wer wen auf welche Art und Weise geliebt, gehasst, belohnt, bedroht oder verehrt hat. Doch die sind selten von den Betroffenen selbst niedergeschrieben. Es sind in der Regel Außenbetrachtungen, voll von Missverständnissen, Fehlinterpretationen, Missgunst, Propaganda und falschen Fährten.

Philip Crummy ist ein Archäologe, dem so leicht keiner ein Heiligtum für ein Klohäuschen vormacht. Dabei hat der Direktor des Colchester Archaeological Trust bei seiner Ausgrabung nahe der antiken Stadt Camulodunum jede Menge Artefakte aus dem Boden geholt, die wohl fast jeden Archäologen in Versuchung geführt hätten, wenigstens ein bisschen zu spekulieren. Crummy stieß etwa 4,5 Kilometer südwestlich des heutigen Colchester auf einen kleinen, aber feinen Friedhof. Alle dort Bestatteten starben zwischen den Jahren 40 und 60 nach Christus. Für einen Friedhof ist das eine sehr kurze Lebenszeit. In Britannien jedoch eine bedeutende – denn im Jahr 43 nach Christus wurde die Insel offiziell römische Provinz.

Ungewöhnlich reiche Grabbeigaben

Wer auf dem Friedhof begraben wurde, gehörte ganz offensichtlich zur Elite jener Tage. Die Toten waren nicht einfach in Särgen bestattet, sondern in großen Grabkammern. An den Ostseiten der Kammern lagen Scherbenhaufen – die Überreste von vorsätzlich dort zertrümmertem Geschirr. Man möchte sich einen Totenschmaus ausmalen, zu dessen Finale die Trauergemeinde ihre Teller gegen die Wand der Grabkammer schmetterte. Doch „Vorsicht", mahnt Crummy. „Was genau geschah, wissen wir nicht."

Die Grabbeigaben waren ungewöhnlich reich und exklusiv. Ein Toter bekam eine Kugel Grünspan mit, entweder zu medizinischen oder kosmetischen Zwecken. Auch ein kleiner römischer Parfümflakon aus Augusteischer Zeit ist dabei. Doch die Grabbeigaben waren bei Weitem nicht nur für die Oberflächlichkeiten des Lebens nützlich. In einem anderen Grab lag ein Tintenfass. Ein Literat, möchte man meinen, doch wieder ist Vorsicht geboten: Archäologisch betrachtet ist ein Tintenfass zunächst nichts weiter als ein Tintenfass. Nichts hindert einen Analphabeten daran, sich Schillers Gesamtwerk ins Regal zu stellen.

Skalpelle, Säge, Haken, Nadeln und Pinzette

Eines der Gräber jedoch verlockt besonders zum Spekulieren – das eines Doktors. Seine Ausstattung ähnelte der des Nachbargrabes, der Ruhestätte eines Kriegers, zumindest im östlichen Teil des Grabes. Dort lagen ein elfteiliges Geschirr, ein Kupfersieb, mit dem zuletzt ein Wermut-Tee aufgegossen wurde, und eine Bronzepfanne zum Erwärmen von Wein.

In der westlichen Hälfte fanden die Archäologen ein Brettspiel. Die Steine waren einst entlang der Breitseiten ausgelegt, 13 weiße und 13 blaue. Das hölzerne Spielfeld ist schon lange zerfallen, die Spielsteine sind aber in den vielen Jahrhunderten kaum verrutscht. Auf das Brett hatten die Bestatter sorgfältig die verbrannten Knochen des Toten gehäuft. Und noch mehr: ein Set chirurgischer Instrumente – komplett mit Skalpellen, Säge, Haken, Nadeln und Pinzette – sowie Wünschelruten aus Eisen und aus Kupfer. Doktor ist ein Begriff, den Philip Crummy mit viel Bedacht für den Toten gewählt hat. Weniger vorsichtige Ausgräber hätten dem Kind einen anderen Namen gegeben: Druide. Das wäre eine Sensation.

Mit Druiden ist das nämlich so eine Sache. Archäologisch ließ sich ihre Existenz noch nie belegen. Geschrieben worden ist viel über sie. Hört man das Wort Druide, denkt man zunächst an Miraculix, den Druiden aus dem kleinen gallischen Dorf, das sich Dank eines Druidentranks so tapfer der Römer erwehrt. Und tatsächlich diente den Asterix-Zeichnern René Goscinny und Albert Uderzo die Beschreibung des römischen Historikers Plinius des Älteren (23 bis 79 n. Chr.) als Vorlage. Weiß gekleidet sei diese Priesterkaste, trüge eine Goldsichel und schneide Mistelzweige von Eichen. Das klingt zwar sehr schön, und Plinius kam zu Lebzeiten auch viel rum in den Provinzen des römischen Reichs – aber er war eben Römer, und deren Sicht der Welt war schon immer mit Vorsicht zu genießen.

Was ist ein Druide eigentlich genau?

Archäologen haben zwar schon viel gefunden, aber eine goldene Sichel war nie dabei. Das edle Werkzeug erwähnt auch Cäsar (100 bis 44 v. Chr.) nicht in seinem „Gallischen Krieg", der zweiten bedeutenden historischen Quelle zur Druidenforschung. In Buch 6, Kapitel 13, beschreibt er die Aufgaben der Druiden: „Den Druiden obliegen die Angelegenheiten des Kultus, sie richten die öffentlichen und privaten Opfer aus und interpretieren die religiösen Vorschriften. (...) Sie entscheiden in der Regel in allen staatlichen und privaten Streitfällen." Kein Wort von weißen Gewändern, goldenen Sicheln, Misteln oder Eichen. Auch seine Schilderung ist mit Vorsicht zu genießen – schließlich schreibt hier ein Eroberer über die Unterworfenen.

Was wir aus der Vergangenheit über Druiden wissen, ist also kaum brauchbar. Und viel besser steht es auch nicht mit der ausufernden Literatur zum Thema aus jüngerer Zeit. „Im 19. und frühen 20. Jahrhundert entwickelte sich ein Neo-Druidentum", erläutert Mike Pitts, Druiden-Experte und Autor eines Artikels über die Funde von Colchester in der angesehenen Zeitschrift „British Archaeology". „Was dort an Vorstellungen über Druiden erfunden wurde, verzerrt die Sache vollends." Stonehenge und Merlin haben jedenfalls mit dem Druidentum nicht mehr und nicht weniger zu tun als die Comicfigur Goscinnys und Uderzos. „Genau das ist das Problem", erklärt Pitts. „Trotz der vielen fantasievollen Geschichten wissen wir ja nicht einmal, wonach wir eigentlich suchen müssen."

Nicht mehr keltisch, noch nicht römisch

Hier kommt das Grab von Colchester ins Spiel. Der Medicus von Camulodunum war offensichtlich ein reicher und angesehener Mann. Geht man davon aus, dass Chirurgenbesteck und Wünschelruten seinem Grab nicht nur zu dekorativen Zwecken beilagen, muss auch Heilen und Weissagen zu seinen Tätigkeiten gehört haben. Viel näher wird man archäologisch einem Druiden kaum kommen. Ausgräber Crummy ist sich dessen natürlich bewusst. „Wir wissen gar nichts über den Toten", mahnt er. „Alles ist möglich. Wir wissen ja nicht einmal, ob die Knochen einem Mann oder einer Frau gehörten."

Für ihn sind die spannenden Fragen ganz andere: „Wir sehen hier die Gräber einer Elite, die herrschte, als die Römer nach Britannien kamen. Und die Beigaben reflektieren den kulturellen Zwiespalt, in dem sie steckte." Nicht mehr ganz keltisch, aber auch noch nicht ganz römisch. Das Chirurgenbesteck ähnelt in seinen Grundzügen anderen Sets, wie sie auch am Mittelmeer gefunden wurden. Trotzdem haben die Instrumente ganz eigene Formen, die sie deutlich von ihren mediterranen Verwandten unterscheiden. „Wie war das Verhältnis dieser Menschen zu den römischen Besatzern?", fragt sich Crummy.

„Sie sahen zu Lebzeiten mit eigenen Augen, wie Kaiser Claudius an der Spitze seines Heeres in Camulodunum einritt" – am Ende gibt sich Mike Pitts doch den Spekulationen hin. „Und mit einiger Wahrscheinlichkeit haben sie Cunobelinus gekannt." Der war König der Briten, bevor die Römer kamen, und diente auch als Vorlage für eine mythische Figur. William Shakespeare machte daraus den Cymbeline, Hauptfigur seiner gleichnamigen Tragikomödie. ■

Archäologen finden erstmals intakte Hexenflasche

Krudes Gebräu gegen schwarze Magie: Zum Schutz vor Hexerei haben viele Briten im 16. Jahrhundert Flaschen vergraben. Nun haben Archäologen zum ersten Mal ein intaktes Exemplar gefunden – gefüllt mit einem Lederherz, Nägeln und Urin.

Die Furcht vor Hexen war im Mittelalter weit verbreitet und steigerte sich in der frühen Neuzeit zur Hysterie. Viele Tausend Menschen, mehrheitlich Frauen, wurden verbrannt, ertränkt, zu Tode gefoltert. Doch das war nur der extreme Auswuchs des Aberglaubens. Im Alltag griffen die Menschen zu zahlreichen Mitteln, um sich vor schwarzer Magie zu schützen – darunter auch sogenannte Hexenflaschen.

Wie die funktionieren sollten, lässt sich in alten Gerichtsakten nachlesen. Im Jahr 1682 kam es etwa am Old Bailey, dem Zentralen Strafgerichtshof Londons, zum Prozess gegen Jane Kent. Der Vorwurf: Die 60-Jährige habe die junge Elizabeth Chamblet totgehext, als deren Vater die Auslieferung eines Schweins verweigerte.

Als das vermeintliche Hexereiopfer erste Anzeichen einer Erkrankung zeigte, wandte sich ihr Ehemann verzweifelt an den Apotheker Dr. Hainks in Spitalfields. „Nimm einen Quart vom Urin Deines Weibes", riet dieser laut Gerichtsakten dem verzweifelten Gatten, „die Späne ihrer Fingernägel, einige Haare und dergleichen mehr, und koche sie in einer Kanne." Chamblet tat wie ihm geheißen, füllte das Gebräu in eine Flasche und vergrub sie. Der Rat des Apothekers zeigte Wirkung. Als das Süppchen über dem Feuer köchelte, sei Jane Kent schreiend an der Tür der Chamblets erschienen.

Der Flaschentrick war bei den Briten zu dieser Zeit sehr beliebt. Rund 200 Hexenflaschen haben Archäologen bislang auf der Insel bergen können, die meisten davon aus dem späten 16. oder 17. Jahrhundert. Doch jetzt haben Arbeiter auf einer Baustelle in Greenwich zum ersten Mal ein Exemplar gefunden, das noch verkorkt war. Mit der Öffnung nach unten steckte die Flasche in etwa anderthalb Metern Tiefe im Boden der Baugrube. Als die Arbeiter das seltsame Objekt in die Hand nahmen, hörten sie darin eine Flüssigkeit schwappen – und ein metallisches Geräusch. Schnell wurde Alan Massey zu Hilfe gerufen, ein ehemaliger Chemieprofessor von der Loughborough University. „In den vergangenen 20 Jahren habe ich etwa ein halbes Dutzend dieser Flaschen untersucht", sagt Massey.

Importgut aus Deutschland

Die Flasche war einst ein schmuckes Stück, ein sogenannter Bartmann. Das ist ein bauchiger, salzglasierter Steinzeugkrug mit einem Relief des bärtigen Gesichts von Kardinal Robert Bellarmin (1542 bis 1621). Diese Importwaren aus dem Rheinland dienten in Großbritannien oft magischen Zwecken. Warum, das weiß heute niemand mehr so recht. Klar ist indes: Erst als die Flaschen in Deutschland nicht mehr hergestellt wurden, verwendeten die Briten für die Zubereitung ihres Hexenabwehrgebräus auch einfache Glasflaschen.

 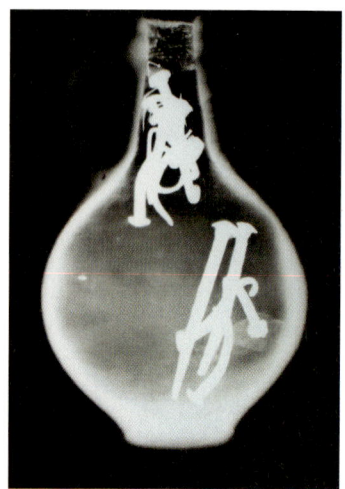

Die bauchige Steingutflasche stammt ursprünglich aus Deutschland. Die Importwaren aus dem Rheinland dienten in Großbritannien oft magischen Zwecken.

Im Inneren der Flasche: Auf den Röntgenbildern ließen sich eindeutig Nägel und Nadeln erkennen. Doch was war das seltsam verschrumpelte Objekt?

Der Flasche von Greenwich rückten die Forscher mit moderner Technik zu Leibe, zunächst kam sie in den Röntgenapparat und in den CT-Scanner. Auf den Bildern ließen sich eindeutig Nägel und Nadeln erkennen. Doch was war das seltsam verschrumpelte Objekt? Und in was für einer Flüssigkeit schwamm das Sammelsurium? In der aktuellen Ausgabe der Zeitschrift „British Archaeology" berichtet Massey von seinen Untersuchungsergebnissen. Mit einer Nadel stach er durch den Korken und entnahm eine Probe der Flüssigkeit – und fand Urin, etwa 300 Jahre alt.

Richard Cole von der Leicester Royal Infirmary nahm zusätzlich noch eine Kernspinresonanz-Spektroskopie und eine Gaschromatografie vor. Er fand in der Flüssigkeit Cotinin, ein Abbauprodukt des Nikotins. Wer also auch immer vor 300 Jahren in die Flasche gepinkelt hatte, war ein Raucher gewesen.

Als man von außen nichts weiter herausfinden konnte, lösten die Wissenschaftler vorsichtig den Korken. Sie fanden ein kleines, herzförmiges Lederstück, das mit einem Nagel durchbohrt war, zwölf Eisennägel und acht Messingnadeln, eine davon stark verbogen, eine Haarlocke, zehn Fingernägelspäne und eine merkwürdige Substanz, vermutlich Bauchnabelfusseln. Außerdem ließen sich noch verdächtige schwarze Krümel nachweisen: „Das war Eisensulfid", meint Massey. „Wahrscheinlich hat da jemand auch Schwefel mit hineingetan, der dann mit dem Eisen der Nägel reagiert hat."

Rauchender Edelmann unter Verdacht

Die Fingernägel in der Flasche waren relativ groß. Vermutlich stammten sie von einem erwachsenen Mann, der in seinem Leben kaum schwer gearbeitet haben dürfte. Die Nägel waren sorgfältig maniküt. Hat also ein rauchender Edelmann versucht, faulen Hexenzauber zu unterbinden?

Die Suche nach dem Flaschenpinkler ist auch nach zwölfmonatigen Labortests noch nicht zu Ende. Mittlerweile ist die Hexenflasche in der Dauerausstellung des Discover Greenwich Visitor Centre im Old Royal Naval College zu sehen. Es wäre möglich, aus den Funden DNA zu gewinnen und sie mit Erbgut von den Nachfahren wohlhabender Greenwicher Familien abzugleichen. Nach einer exakten Datierung der Fingernägel könnte so der Kreis der Verdächtigen eng gezogen werden. Vielleicht ließe sich sogar der Mensch direkt identifizieren, der die Flasche vergraben hat.

Jane Kent jedenfalls schwor vor Gericht Stein und Bein, sich niemals der schwarzen Magie bedient zu haben. Ein ehrliches Leben habe sie geführt, und jeden Sonntag sei sie in der Kirche erschienen. Die Richter am Old Baily schenkten der alten Frau Glauben. Sie sprachen Jane Kent frei. ◼

Forscher lösen Rätsel makelloser Mumie

Rosalia Lombardos Leiche gilt als schönste Mumie der Welt. Seit Langem rätseln Experten, mit welcher Technik das vor fast 90 Jahren in Palermo gestorbene Mädchen präpariert wurde – jetzt haben Forscher die Formel für die entscheidende Flüssigkeit entdeckt.

Rosalia Lombardo war eines der letzten Opfer der Spanischen Grippe. Als sie im Jahr 1920 starb, hatte sie noch nicht einmal ihr drittes Lebensjahr vollendet. Ihr Vater, der sizilianische General Mario Lombardo, war außer sich vor Trauer. Er wollte sein kleines Mädchen nicht verlieren. Also bekniete er die Mönche des Kapuzinerklosters Palermo, Rosalia einen Platz in deren Gruft, den Catacombe dei Cappuccini, zu gewähren.

Eigentlich wurden dort bereits seit 30 Jahren keine Toten mehr bestattet. Aber die Mönche machten eine Ausnahme. So musste der General seine Tochter nicht unter der Erde begraben, sondern konnte sie besuchen und anschauen, so oft er wollte. Denn das Mikroklima in der Gruft sorgte dafür, dass Leichen außergewöhnlich gut erhalten blieben.

Mario Lombardo aber wollte nicht nur seine Tochter für die Ewigkeit bewahren, sondern auch ihre Schönheit. Also rief er Alfredo Salafia zu Hilfe. Der Einbalsamierer war bereits eine Berühmtheit weit über die Grenzen der Insel hinaus. 1902 hatte er den Körper von Italiens Premierminister Francesco Crispi behandelt, zwei Jahre später den Erzbischof von Palermo, Pietro Michelangelo Celesia. Beide wurden wiederholt exhumiert – und sahen jedes Mal so aus, als seien sie nur für ein Mittagsschläfchen kurz eingenickt. Sogar in New York präparierte Salafias Neffe Achille Salomone für das Familienunternehmen, die Salafia Permanent Method Embalming Company, Leichen.

Geheimnis mit ins Grab genommen

Salafia war der richtige Mann für Lombardo – und die kleine Rosalia sollte jener Leichnam werden, für den der Einbalsamierer bis heute bekannt ist. Denn selbst nach fast 90 Jahren verzaubert das Mädchen in ihrem Glassarg noch die Besucher. Jedes Härchen auf ihrer pfirsichfarbenen Haut ist erhalten. Das Gesicht ist so zart und friedlich, als sei sie eben erst eingeschlafen. Rosalia gilt als die schönste Mumie der Welt.

Wie hat der Meistereinbalsamierer das vollbracht? Bekannt war nur, dass Salafia Rosalias Blut gegen eine andere Flüssigkeit austauschte. Die genaue Rezeptur dieses „Salafia Perfection Fluid" aber blieb ein gut gehütetes Familiengeheimnis. So gut, dass Sala-

Rosalia Lombardo: Sie gilt als die bekannteste Kindermumie Siziliens – und als schönste Mumie der Welt.

fia es mit in sein Grab auf dem Friedhof Santa Maria di Gesù nahm, als er 1933 starb.

Die Mumie der Rosalia Lombardo fasziniert seitdem die Besucher – und die Wissenschaft. Doch die Kapuzinermönche weigern sich, den Leichnam für eine Probenentnahme freizugeben – schließlich hatten sie Rosalias Vater versprochen, dass seine Tochter in Frieden ruhen würde. Salafias Geheimnis schien für immer verloren, bis eine Gruppe italienischer und amerikanischer Wissenschaftler seine Nachfahren aufspürte und in seinem Nachlass ein Manuskript mit dem Titel „New special method for the preservation of the entire human cadaver in the state of permanent freshness" entdeckte. In der wunderschön geschwungenen Handschrift des Einbalsamierers stand darin notiert, was er in Rosalias Adern injiziert hatte: ein Teil Glyzerin, ein Teil Formalin, angereichert mit Zinksulfat und Chloriden, dazu ein dritter Teil Alkohollösung mit Salicylsäure. In der Märzausgabe der Zeitschrift „Virchows Archiv" berichten die Forscher von ihrem Fund.

„Im Großen und Ganzen unterscheidet sich die Flüssigkeit also gar nicht so sehr von dem, was wir heute benutzen", sagt Melissa Johnson-Williams. Die Co-Autorin des Aufsatzes und Vorsitzende der American Society of Embalmers muss es wissen – schon ihre beiden Eltern arbeiteten als Einbalsamierer, und sie selbst ist Expertin für historische Einbalsamierungstechniken. „Lediglich Zink wird heute nicht mehr benutzt, weil es schwierig zu handhaben ist."

Abfluss über Venenschnitt

Auch mit dem Formaldehyd gehen die Einbalsamierer heutzutage sparsamer um. Formalin, eine 35- bis 37-prozentige Lösung von Formaldehyd mit Methanol, wird fast nur zur Konservierung von Gewebeproben für anatomische Studien verwendet. Die üblichen Lösungen enthalten nur zwischen fünf und 35 Prozent des bei Lebenden krebserregenden Stoffes – je nach dem, wie lange der Leichnam noch aufbewahrt oder gar aufgebahrt werden soll.

Auch die von Salafia verwendete Technik zum Austausch der Körperflüssigkeit wird heute noch genau so von den Einbalsamierern praktiziert: Er stach die Kanüle in eine Oberschenkelarterie, platzierte den Behälter mit Flüssigkeit über Rosalias Körper und ließ die Schwerkraft arbeiten. Das verdrängte Blut floss über einen Venenschnitt ab. „Das ist die simpelste Methode", erklärt Johnson-Williams.

Nicht immer ist es so einfach. „Gerade bei Autopsien werden oft wichtige Blutgefäße durchtrennt." Dann muss man an mehreren Stellen die Flüssigkeit einleiten, entweder an den Armen oder auch an der Halsarterie. „Wir arbeiten heute mit elektrischen Pumpen, das macht die Arbeit sehr schnell", ergänzt sie. Etwa zwei bis zweieinhalb Stunden braucht ein Einbalsamierer heute nur noch, um einen Toten komplett für die Aufbahrung herzurichten.

An der Arbeit der Einbalsamierer hat sich also wenig geändert. „Wohl aber an den Toten", erzählt Johnson Williams. Nicht nur Autopsien, auch Organspenden und vor allem lebensverlängernde Maßnahmen verändern den Körper. „Früher starben die Menschen in einem einigermaßen guten körperlichen Zustand. Heute sind ihre Körper oft aufgeschwemmt und vollgepumpt mit Medikamenten." Manche dieser Stoffe reagieren mit den Chemikalien der Einbalsamierungslösung – da ist Vorsicht geboten.

Zwar gelingt es den Ärzten in vielen Fällen, das Leben von Menschen zu verlängern – der zähe Todeskampf aber zeichnet die Gesichter der Verstorbenen. Die Hinterbliebenen jedoch möchten ihre Angehörigen bei der Aufbahrung so sehen, wie sie ihnen aus glücklicheren Tagen noch in Erinnerung sind. „In solchen Fällen versuchen wir, anhand von Fotos die Gesichter wieder so hinzubekommen, wie sie vor der letzten Lebensphase aussahen", verrät Johnson-Williams.

Das Aufhübschen von Leichen passt zu einer Kultur, die sehr auf das Aussehen fixiert ist. Der Schein soll im wahrsten Sinne des Wortes bis zum letzten Augenblick gewahrt bleiben. In Europa, und vor allem in Deutschland, wird post mortem nur minimal am Äußeren der Verstorbenen nachgebessert, gefragt ist eher eine möglichst natürliche Erscheinung – mit allen optischen Konsequenzen, die der Tod eben so mit sich bringt.

Noch etwas ist fast gleich geblieben, seit Alfredo Salafia die kleine Rosalia Lombardo für die Ewigkeit herrichtete: der Preis. 300 Dollar verlangte zu Beginn des 20. Jahrhunderts die Salafia Permanent Method Embalming Company für die Präparierung eines Leichnams. Auch heute ist eine Einbalsamierung schon für 300 Dollar zu haben. „Es kommt ein bisschen darauf an, wo man wohnt", erklärt Johnson-Williams die Preise. „In New York City würden sie aber deutlich mehr dafür zahlen müssen – so wie ja auch die Autohändler in den Ballungszentren mehr für den gleichen Wagen verlangen als in ländlichen Regionen." ▪

Der letzte Schrei

Ist es die Angst im Angesicht des Todes? Die qualvoll verzerrten Gesichter von Mumien geben von jeher Anlass zum Gruseln. Doch das grauenhafte Antlitz ist das Resultat elementarer Physik – und schlampiger Einbalsamierung.

Weshalb schrie Pentawer im Augenblick seines Todes? Blickte er in das Gesicht seines Mörders? Litt er unsagbare Schmerzen? Oder wurde er gar lebendig begraben und rang verzweifelt um den letzten Atemzug? Seit im Jahr 1886 die damals noch unter dem Namen „unbekannter Mann E" bekannte Mumie aus dem altägyptischen Theben ausgewickelt wurde, inspirierte ihr qualvoll verzerrter Gesichtsausdruck Wissenschaftler und fantasiebegabte Laien gleichermaßen zu immer neuen Spekulationen über die Todesursache.

Dabei wendeten die Einbalsamierer doch sonst so große Mühe auf, um die Mumien möglichst ruhig und erhaben ausschauen zu lassen. Das gilt allerdings nur für die meisten ägyptischen. In den Anden und selbst mitten in Europa fanden die Archäologen Mumien, deren letzter Gesichtsausdruck den blanken Horror

 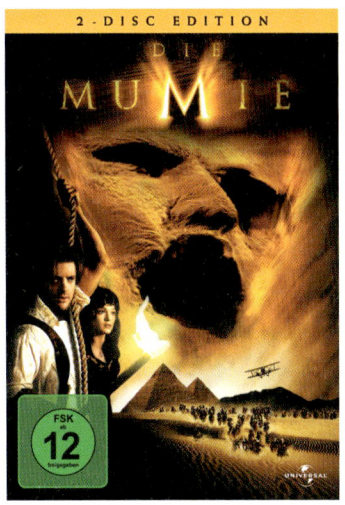

Rätselhafte peruanische Nebelkrieger: Archäologen fanden die „schreienden Mumien" 1996 in Höhlen hoch in den Anden.

DVD-Cover „Die Mumie": Alles halb so gruselig – den scheinbar zum Schreien aufgerissenen Mund erklären Archäologen mit elementarer Physik.

widerspiegelt. Zum Beispiel den Nebelkrieger aus den dichten Wäldern Perus, der seinen letzten Schrei scheinbar mit gefesselten Händen zu ersticken versucht. Oder der Priester aus der Kapuzinergruft von Palermo, der zusätzlich noch die Augen weit aufreißt. Sie alle inspirierten schließlich auch Hollywood zu Gespenstern wie Imhotep, der 1999 als „Die Mumie" durch die Kinos geisterte.

Doch reflektiert der Gesichtsausdruck der schreienden Mumien wirklich, was sie beim letzten Atemzug sahen? Fixiert die Totenstarre diesen Horror für alle Ewigkeit? Die Antwort ist ein klares Nein. Denn zum einen tritt die als *rigor mortis* bezeichnete Starre der Muskeln bei Zimmertemperatur erst ein bis zwei Stunden nach dem Tod ein – zu spät also, um den Gesichtsausdruck beim Sterben selbst zu fixieren. Und zum anderen löst sie sich etwa 24 bis 48 Stunden später – die Muskeln entspannen sich, der Körper wird wieder weich.

Ein Werk der Schwerkraft

Der Verstorbene erstarrt auch nicht etwa „vor Schreck" im Angesicht des Todes, sondern weil mit dem Erliegen des Stoffwechsels kein Adenosintriphosphat (ATP) mehr gebildet wird. Diese chemische Verbindung sorgt im lebenden Körper dafür, dass angespannte Muskeln sich wieder lösen können. Fehlt sie, bleibt die Verhärtung einfach bestehen. Nach ein bis zwei Tagen aber – je nach Körperzustand, Raumklima und Temperatur – wird das Gewebe auch ohne ATP wieder weich. Denn dann beginnen körpereigene Enzyme damit, die abgestorbenen Zellen aufzulösen. Der Verwesungsprozess setzt ein.

Sind die Muskeln wieder entspannt, ist es ein ganz simples Naturphänomen, das die Toten „schreien" lässt: die Schwerkraft. Der Unterkiefer gibt nach, denn er ist nicht besonders fest am Schädel fixiert. Fürs Kauen und Reden muss er flexibel sein, deshalb wird der Unterkieferknochen (Mandibula) lediglich von vier Muskelpaaren an seinem Platz gehalten. Während der Oberkiefer seine Position bei diesen Tätigkeiten nicht verändert, schieben und ziehen die Muskelstränge den Unterkiefer in die jeweils benötigte Position.

Sie sind die ersten Muskeln des Körpers, die beim Eintritt von *rigor mortis* erstarren. Löst sich die Leichenstarre aber wieder und die Kaumuskulatur entspannt sich, fällt der Unterkiefer hinunter – der Tote „schreit". Der Effekt wird noch verstärkt, wenn die Haut beginnt, auszutrocknen und die Lippen sich bis weit über den Zahnansatz zurückziehen.

Abhilfe per Taschentuch

Da die Toten im westlichen Kulturkreis erst dann beerdigt werden, wenn die Totenstarre schon lange wieder aus dem Körper gewichen ist, kennen Bestattungsunternehmer und Einbalsamierer so manchen Trick, um den Unterkiefer an seinem Platz zu halten. Heute dient dazu meist ein Faden, mit dem der Knochen von außen unsichtbar durch die Nase hindurch festgenäht wird. Doch man war nicht immer so subtil bei der Kieferfixierung. Oft leistete ein einfaches Taschentuch gute Dienste. Zeugnisse dieser Technik sind natürlich bei herkömmlichen Leichen lange verrottet. Aber man fand Teilnehmer jener fatalen, im Buch „Frozen in Time" beschriebenen Expedition, auf der Sir John Franklin 1845 versuchte, die Nordwestpassage von Ost nach West zu durchsegeln, als Mumien im ewigen Eis – mit einem gepunkteten Taschentuch um den Kiefer geknotet.

Und auch vom ermordeten US-Präsidenten Abraham Lincoln weiß man, dass ein einfaches Leinentuch seinen Unterkiefer auf der 2700 Kilometer langen Reise von Washington D. C. bis zu seiner letzten Ruhestätte in Springfield, Illinois, am Platz hielt. Eben jenes Tuch wurde erst Ende vergangenen Jahres zusammen mit einer der Silbermünzen, die während des Begräbniszuges seine Augen bedeckt hatten, versteigert – für 18 000 Dollar.

Wenn nun aber das Problem des sich leicht selbstständig machenden Kieferknochens so bekannt ist, warum ließen dann die ägyptischen Einbalsamierer – die sich ja sonst als wahre Meister in der Präparation von Toten hervortaten – Pentawer schreien?

Hastige Einbalsamierer

Dies ist nicht das einzige Rätsel der Mumie aus der Cachette von Deir el-Bahari, einer Nekropole nördlich von Theben. Pentawer lag in einem undekorierten und unbeschrifteten Sarg. Ohne Namen war dem Toten nach ägyptischen Glaubensvorstellungen aber der Zutritt ins Jenseits verwehrt. Zudem war er in ein Schafsfell gewickelt – für die alten Ägypter ein unreines Gewand. Weder waren die Organe des Toten entfernt, noch war der Körper vollständig dehydriert. Und das Harz, welches die Einbalsamierer sonst sorgfältig durch die Nase in die Schädelhöhle füllten, hatten sie dem Armen nur schnell durch den Mund in den Hals gegossen.

Diese Hast in der Einbalsamierung verleitete den französischen Ausgräber Gaston Maspero zu der Annahme, dass der Tote Prinz Pentawer sein könnte, ein Sohn von Ramses III. Der hatte zusammen mit seiner Mutter Teje gegen seinen Vater rebelliert – doch die Verschwörung flog auf, Pentawer wurde zum Tode verurteilt. War die oberflächliche Präparierung der Leiche ein letzter Dienst seiner Anhänger, die ihn wenigstens notdürftig für das Jenseits vorbereiten wollten?

Was auch immer hinter dem Schreien Pentawers und anderer Mumien steckt, irgendwann hören die meisten Toten auch wieder damit auf. Wenn nicht ein besonders trockenes Klima, ein extrem feuchter Boden oder spezielle Einbalsamierungsmaßnahmen den Verwesungsprozess verlangsamen, werden nach etwa 50 Jahren auch die letzten Knochenreste zu Staub. ∎

Das Geheimnis von Indiana Jones' Kristallschädel

Für Esoteriker sind sie kosmische Energiequellen, im neuesten „Indiana Jones"-Film rettet der Held damit sogar die Welt. In den Museen rund um den Globus liegt rund ein Dutzend mysteriöse Kristallschädel – und die schimmernden Artefakte haben ein gemeinsames Geheimnis.

Am 21. Dezember 2012 soll die Welt untergehen. Der Planet wird aus seiner Achse fliegen und hilflos durchs Weltall trudeln. Doch keine Bange, es gibt noch eine Möglichkeit, die Katastrophe abzuwenden. Wenn es rechtzeitig gelingt, 13 Kristallschädel zu finden und diese zu einer Pyramide aufzuschichten, dann werden wir alle gerettet und dürfen in ewigem Frieden weiterleben. Diese wilde Mischung aus religiösen Vorstellungen mesoamerikanischer Völker und Jüngern des New Age bildet den Hintergrund für den Film „Indiana Jones und das Königreich der Kristallschädel".

Tatsächlich gibt es weltweit rund ein Dutzend solcher Kristallschädel in öffentlichen und privaten Sammlungen. Neueste Unter-

suchungen haben gezeigt: Die bekannten Schädel aus milchig-
weißem Bergkristall sind gar keine Artefakte aus Mittelamerika,
sondern Fälschungen: „Die gesamte Gattung der Kristallschädel
ist eine Erfindung des 19. Jahrhunderts", erklärt Jane Walsh von
der Smithsonian Institution.

Walsh hat so einen Schädel in ihrem Zimmer liegen, gut verschlos-
sen in der Schublade eines schlichten beigefarbenen Metallschränk-
chens. Vor 16 Jahren kam er in den Besitz des Museums – begleitet
von einem mysteriösen Brief ohne Absender: „Dieser Aztekenschädel,
angeblich aus der Sammlung Porfirio Díaz, wurde 1960 in Mexiko
erworben ... Ich überlasse ihn dem Smithsonian, ohne eine Gegen-

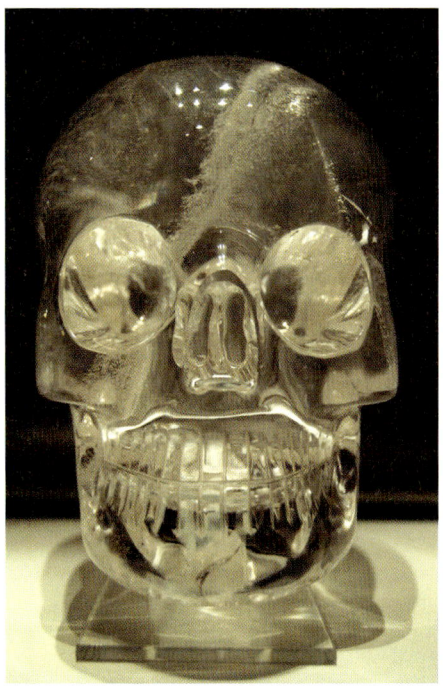

Der Kristallschädel im British Museum, London, stammt aus dem Besitz des
zwielichtigen französischen Archäologen und Antiquitätenhändlers Eugène
Boban. Der war Ende des 19. Jahrhunderts Staatsarchäologe am mexikanischen Hof und Mitglied der französischen Wissenschaftskommission in
Mexiko.

leistung zu erwarten." Das Stück mit der Katalognummer 409954 ist viel größer als ein menschlicher Schädel. Mit etwa 25 Zentimetern und 15 Kilogramm hat er eher die Ausmaße einer Bowlingkugel. „Das weiß ich ganz sicher, ich hab ihn im Handgepäck für Untersuchungen nach London geschleppt", sagt Walsh.

Das British Museum hat nämlich auch einen solchen Kristallschädel. Und bei dem weiß man sehr genau, wer ihn vorher besessen hat – nämlich der zwielichtige französische Archäologe und Antiquitätenhändler Eugène Boban. Er war Ende des 19. Jahrhunderts Staatsarchäologe am mexikanischen Hof und Mitglied der französischen Wissenschaftskommission in Mexiko. Im Jahr 1886 verkaufte er für 950 Dollar einen großen Kristallschädel an das Juweliergeschäft Tiffany & Co. Von dort aus gelangte das wertvolle Artefakt ins British Museum.

Hergestellt auf modernen Drehscheiben

Gemeinsam mit Margaret Sax vom British Museum hat Jane Walsh die beiden Schädel genau unters Mikroskop genommen. Beide weisen ähnliche Bearbeitungsspuren auf: Nach Erkenntnissen der Forscher wurden sie mit sehr harten Schleifmitteln auf Drehscheiben hergestellt. Rotierende Scheiben aber waren den Einwohnern Mesoamerikas überhaupt nicht bekannt, bevor die Spanier kamen.

Zu einem ähnlichen Ergebnis kam auch ein Team vom Forschungs- und Restaurationszentrum der französischen Museen (C2RMF), das sich einen weiteren Kristallschädel vorgenommen hat. Er liegt im Musée du Quai Branly in Paris. Auch dieses nur etwa elf Zentimeter hohe Stück kam einst aus dem Kramladen Eugène Bobans. „Sehr regelmäßige Spuren von Abrieb und Polieren" stellten die Wissenschaftler fest. Im Teilchenbeschleuniger konnten sie außerdem einen Wassereinschluss im Quarz auf das 19. Jahrhundert datieren.

Bobans Kristallschädel passten ausgezeichnet in die Vorstellung, die Sammler des 19. Jahrhunderts sich von den Azteken machten – und ließen sich dementsprechend gut verkaufen. Totenschädel waren in der Tat ein beliebtes Thema aztekischer Künstler. Sie schnitten sie aus Basalt, manche verzierten sie mit Stuck, die meisten bemalten sie in schreiend bunten Farben.

Auch echte Schädel von rituellen Opfern stellten die Azteken in Regalen aus, aufgespießt durch die Schläfen. Die Kristallschädel dagegen befriedigten den Geschmack der europäischen Sammler: ein gruseliges Echo der aztekischen Menschenopfer, aber sauber genug, sie in den eigenen Regalen aufzustellen. Boban kannte seine Kunden und lieferte, was sie sich vorstellten.

Nicht alle Schädel sind Auftragsarbeiten des findigen Händlers

In den Dreißigerjahren, mehr als 20 Jahre nach dem Tod Bobans, tauchte ein weiterer heute berühmter Kristallschädel auf. Wie der britische Abenteurer Frederick Arthur Mitchell-Hedges 1954 in seiner Autobiografie „Die Gefahr ist mein Gefährte" schreibt, fand ihn seine Adoptivtochter Anna als Teenager unter einem Altar in einem Tempel der Maya in Lubaantun, im heutigen Belize.

Ihren eigenen Aussagen zufolge stellte sie ihn neben ihr Bett, und träumte fortan lebhaft von den Riten der alten Maya. Allerdings wurde der Schädel bereits 1936 in der anthropologischen Zeitschrift „Man" beschrieben. Als Besitzer des Schädels wird der Londoner Kunsthändler Sydney Burney genannt, der ihn 1943 über das Auktionshaus Sotheby's an Mitchell-Hedges verkaufte.

Der sogenannte Mitchell-Hedges-Schädel ist eine genaue Kopie des Exemplars im British Museum. Mit einer Ausnahme: Er hat einen separaten Unterkiefer. Vergangenes Jahr hatte Jane Walsh zwei Tage lang die Gelegenheit, auch diesen Schädel zu untersuchen. „Er ist technisch sehr ausgefeilt gearbeitet", erzählt sie. „Hoch poliert, die Details sind minutiös, es ist eine sehr moderne Arbeit." Sie datiert ihn auf die Zeit kurz vor seinem ersten Auftauchen, etwa um 1932.

Jane Walsh bekommt manchmal Anfragen von Leuten, die ihren eigenen Kristallschädel mit dem Schädel in ihrer Schublade zusammenbringen möchten, damit die Köpfe „kommunizieren" könnten. „Viele dieser Schädel sind schlechte Kopien aus Glas oder sogar aus Gießharz", sagt Walsh. Auch Colin McEwan, Kurator der lateinamerikanischen Sammlung des British Museum, hat Erfahrung mit seltsamen Besuchern gemacht. „Manchmal versetzten sich Leute vor dem Schädel in Trance", berichtet er.

Aber auch Beschwerdebriefe bekommt McEwan gelegentlich auf seinen Schreibtisch. Darin fordern Leute, das Museum solle endlich die im Schädel gespeicherte kosmische Energie freigeben. „Eine Petition behauptete, dem Schädel würde mit seiner Ausstellung im Museum Gewalt angetan, weil er ein fühlendes Lebewesen sei, dem es verweigert würde, sein Schicksal zu erfüllen."

Von Steven Spielberg wurden die Forscher vor Beginn der Dreharbeiten zu „Indiana Jones" nicht um wissenschaftlichen Rat gefragt – natürlich. „Ich bin doch die Letzte, mit der er darüber würde sprechen wollen", sagt Jane Walsh lachend. „Ich würde mit der Wahrheit doch die ganze schöne Geschichte ruinieren." ■

Das Rätsel des Quasselsteins

Wer den Blarney-Stein küsst, wird zum wortgewandten Redner – so die Sage. Doch welcher Brocken in der Wand des riesigen irischen Wehrturms ist der Zauberstein? Archäologen behaupten jetzt, dass Hunderttausende Touristen den falschen umschmust haben.

Der beliebte US-Privatsender Travel Channel hat eine Liste mit den 99 Dingen veröffentlicht, die man tun sollte, bevor man stirbt. Dazu gehört, einen Tango in Buenos Aires zu tanzen, und natürlich einen Ferrari zu fahren, zumindest probehalber. An 64. Stelle der Liste steht: Man sollte nicht ableben, ohne vorher den Blarney Stone geküsst zu haben. Doch nach den neusten Forschungen von Mark Samuel und Kate Hamlyn könnte es schwierig werden, diesen Punkt auf der Liste abzuhaken. Denn der Stein der irischen Burg Blarney, den jedes Jahr rund 300 000 Besucher aus allen Kontinenten küssen, um damit womöglich die Gabe wortgewandter Rede zu erlangen, ist laut der Theorie der beiden Archäologen nicht der richtige.

Der echte kam der Legende nach im 14. Jahrhundert in den Besitz des irischen Clanchefs Cormac MacCarthy – angeblich, weil er dem schottischen König Robert the Bruce 1314 in der Schlacht bei Bannockburn mit 5000 Mann zu Hilfe geeilt war. Nach seinem Sieg über die Engländer soll Robert seinem Verbündeten die Hälfte eines Felsbrockens geschenkt und die andere Hälfte behalten haben.

Denn der legendäre Stein von Scone war kein gewöhnlicher Stein. Er diente einst dem biblischen Jakob als Kopfkissen, in jener Nacht, als er mit dem Engel Gottes rang – so sagen die einen. Andere behaupten, es sei der Stein, hinter dem David sich versteckte, als König Saul ihm nach dem Leben trachtete. Vielleicht, so eine weitere Version, war es auch jener Fels, an den Moses seinen Stab schlug, um Wasser für das Volk Israel fließen zu lassen.

Harte Sitzgelegenheit für Herrscher

Wer auch immer in grauer Vorzeit ihn als Kopfkissen, Versteck oder Wasserspeier verwendete: Mit Sicherheit kam der Stein von Scone schon früh nach Schottland und zwar – daher sein Name – in die Abtei von Scone, nördlich der heutigen Stadt Perth. Zu besonderen Anlässen wurde er hervorgeholt: Er diente seit jeher den schottischen Königen als Sitzgelegenheit bei der Krönung. Bereits Kenneth MacAlpin, erster König der Schotten, musste 847 bei seiner Thronbesteigung auf dem harten Brocken Platz nehmen.

„Was genau der Blarney-Stein ist, wissen wir nicht", sagt Kate Hamlyn. „Aber wahrscheinlich haben wir es hier mit einem sehr alten keltischen Herrschaftsritual zu tun." Sie glaube nicht, dass der Blarney-Stein wirklich ein Teil des Steins von Scone ist. „Aber es gab wohl bei den Kelten generell eine Art heilige Steine, die den Clanchefs als Thron dienten", so die Archäologin. In der Tat können die zwei Steinhälften gar nicht zusammenpassen. Denn der Stein von Scone ist aus rotem Sandstein, der Stein von Blarney dagegen entweder aus Granit oder Kalkstein. Und Cormac MacCarthy war der alte Brauch sowieso unbekannt. Statt sich darauf zu setzen, baute er den Stein lieber in die Mauer seiner neuen Burg, Blarney Castle, in der Nähe der irischen Stadt Cork gelegen, ein.

Dort wäre er beinahe in Vergessenheit geraten, hätte nicht einer seiner Nachfahren eines Tages eine vermeintliche Hexe vor dem Tod durch Ertrinken bewahrt. Zum Dank verriet die Frau ihm, was da in der Burgmauer steckte: ein Stein, der, wenn man ihn mit den Lippen berührt, dem Küsser die Gabe eloquenter Rede verleiht. Und siehe da, der Zauber soll funktioniert haben – so gut, dass der Begriff „Blarney" heute in der englischen Sprache für Flunkerei oder Schmeichelei steht.

Welcher Stein ist der richtige?

Schuld daran soll angeblich Königin Elizabeth I. sein, die von 1558 bis 1603 über England und Irland herrschte. Als sie vom damaligen Blarney-Burgherrn Cormac Teige MacCarthy den Treueid einfordern wollte, umschmeichelte der die königlichen Gesandten mit blumigen Reden. Sie zogen wieder ab, voller Lob für den Burgherrn, aber ohne Treueid – und machten sich so zum Gespött des Hofes. Der nächsten Abordnung erging es nicht besser. Als sie zurückkam, soll die Königin außer sich vor Wut gerufen haben: „Blarney! Blarney! Ich will kein Blarney mehr hören!"

Cormac Teige MacCarthy hatte also offenbar noch den richtigen Stein geküsst. Doch irgendwann im späten 19. Jahrhundert verliert sich die Spur des Minerals. „Spätestens seit den 1880er-Jahren gab es plötzlich mehrere Steine, die Besuchern als Blarney-Stein vorgeführt wurden", sagt Hamlyn. „Je nachdem, wer einen gerade durch die Burg führte", ergänzt ihr Mann Mark Samuel. Ein Stein soll ganz oben in der nordöstlichen Brustwehr gesteckt haben. Ein

Küssen Sie den Blarney-Stein und werden Sie zum Redner!

Eine Touristin versucht ihr Glück.

anderer lag so ungünstig, dass man ihn nur mit den Lippen erreichen konnte, wenn ein verlässlicher Helfer einen an den Fußknöcheln festhielt und zweieinhalb Meter tief über die Brüstung hängen ließ.

Ein dritter schließlich liegt bis heute unterhalb des Wehrgangs an der Außenmauer. Er ist dadurch ebenfalls unbequem zu erreichen, aber weitaus sicherer zu küssen. Zu diesem Stein wird geführt, wer heute die Nummer 64 auf der Liste der Dinge, die man vor seinem Tod noch erledigen sollte, abhaken will.

„Einfall eines betrunkenen Vollidioten"

Allerdings scheinen die ältesten Hinweise auf Stein Nummer eins zu deuten. Eine Zeichnung des Karikaturisten John Leech aus dem Jahr 1858 zeigt zwei junge Frauen, die einen Stein auf der oberen Brustwehr liebkosen. Wer dann auf die Idee kam, kopfüber in den Abgrund schauend die Burgmauer zu knutschen, ist unbekannt. „Das klingt nach dem Einfall eines betrunkenen Vollidioten", kommentiert Samuel den halsbrecherischen Brauch, der bis zum Ende des 19. Jahrhunderts noch gepflegt wurde.

Der heutige Blarney-Stein erscheint 1871 zum ersten Mal auf einem Gemälde der Burg. Die zweifelhafte Herkunft des Mauerbrockens ist schon lange ein offenes Geheimnis. „Natürlich ist das der falsche Stein", plauderte eine heutige Lady des MacCarthy-Clans im Gespräch mit Samuel und Hamlyn aus. „Das hat mir meine Großmutter schon erzählt, als ich noch ein kleines Mädchen war."

Einer ist nicht begeistert über die Arbeit von Samuel und Hamlyn: der heutige Burgherr Sir Charles Colthurst. Sollte er selbst tatsächlich nie den Stein geküsst haben? Oder tat er es mit dem falschen? In einer offiziellen Erklärung auf der Website der Burg heißt es jedenfalls nur knapp: „Die Authentizität dieses Steines infrage zu stellen ist lediglich ein Haufen Blarney." ■

WISSENSCHAFT MIT LEIDENSCHAFT

Archäologen sind hart im Nehmen. Sie graben im Eis, im Wüstensand, im Müll oder unter den neugierigen Augen von Eisbären. Sie investieren ihre Freizeit, ihr Geld oder riskieren auch schon mal ihr Leben oder zumindest ihre Ehe. Sind wir nicht alle ein bisschen Indiana Jones ...?

Gerüstet für die Wissenschaft

Es war der teuerste Sport des Mittelalters – und der brutalste: Bei Ritterturnieren standen Ehre, Geld und oft das Leben des Reiters auf dem Spiel. Forscher wollen nun herausfinden, was die Männer aushalten mussten. Mit Lanze und Rüstung reiten sie zum Experiment.

Sir Robert Morley starb keinen schönen Tod. Der englische Ritter erlag gegen Ende des 16. Jahrhunderts den Folgen eines Lanzenstoßes. Ein gewisser Hugh Traill, wahrscheinlich schottischer Herkunft, hatte den für seine Kampfkünste gerühmten Sir Robert vom Pferd geholt. Der verstarb kurze Zeit später – vor Scham, wie der zeitgenössische Historiker Raphael Holinshead vermerkt.

Ungewöhnlich war nicht nur die angebliche Todesursache von Sir Robert, sondern auch, dass überhaupt zur Regierungszeit Elisabeths I. noch jemand bei einem Turnier sein Leben ließ. Denn Rüstungen und Waffen der Kämpfer waren während Elisabeths Herrschaft von 1558 bis 1603 erstmals so konstruiert worden, dass kaum noch lebensbedrohliche Verletzungen zu beklagen waren. Die Turniere unter der Schirmherrschaft der Queen markierten damit das Ende einer langen, nicht selten blutigen Geschichte des Zweikampfs zu Pferd.

Diese Geschichte erkunden derzeit Tobias Capwell, Kurator, und Alan Williams, Archäometallurge an der Wallace Collection in London. „Wir wollen herausfinden, wie sich die Kampftechniken über die Jahrhunderte entwickelt haben", sagt Capwell. „Wie veränderten neue Entwicklungen bei Rüstungen und Waffen den Kampf auf physischer Ebene?"

Das Projekt begann damit, dass Williams in Wien eine Turnierrüstung Maximilians I. (1459 bis 1519) untersuchte. Der als „letzter Ritter" bekannte Kaiser des Heiligen Römischen Reiches Deutscher Nation war ein begeisterter Turnierkämpfer – und entsprechende Gebrauchsspuren konnte Williams an seinen Rüstungen finden. Aus der Tiefe der Beulen und der Stärke der Metallplatten berechnet der Forscher die Kräfte, die einst auf den Schutzpanzer Maximilians eingewirkt hatten. Was er allerdings nicht wissen konnte: Stammte jede Beule von einem Lanzenstoß, oder hatte auch unvorsichtige Behandlung im Laufe der Jahrhunderte die eine oder andere Delle auf den Prunkstücken hinterlassen?

Eine neue Methode musste her. Wenn nicht über die verbeulten Rüstungen, so konnte man die Energie hinter den Lanzenstößen vielleicht über die Waffen rekonstruieren. „Wir haben deshalb ein Pendel gebaut, das auf einer Achse schwingt", erklärt Williams. „An der Höhe des Ausschlags lässt sich die einwirkende Energie in Joule direkt ablesen."

Waffen nach Museumsstücken gefertigt

Zum Glück ist sein Kollege Capwell nicht nur Kurator für Waffen und Rüstungen, sondern reitet auch seit seinem 20. Lebensjahr Turniere im mittelalterlichen Stil – Tjoste genannt – auf internationaler Ebene. Für ihn war es also kein Problem, aus vollem Galopp mit der Lanze das relativ kleine Pendel zu treffen. Die Waffen mussten die Wissenschaftler zuvor selbst herstellen – aus Fichtenholz, mit fünf unterschiedlichen Metallspitzen nach Vorbildern aus dem Museum.

Die ersten Lanzen, mit denen im Mittelalter Tjoste geritten wurden, waren noch glatte Stangen mit Spitzen aus Metall. „Damit wurde die natürliche Grenze der wirkenden Kraft bestimmt durch die Stärke von Hand, Handgelenk, Ellenbogen und Schulter des Reiters", sagt Capwell. Wurde die Kraft zu groß, glitt die Lanze entweder durch den Handschuh des Reiters, oder der gesamte Arm

Forscher Tobias Capwell auf seinem Hengst Duke – einem Friesen, den er selbst zugeritten hat: „Friesen kommen den mittelalterlichen Tjost-Pferden in Aussehen und Charakter am nächsten", sagt er. „Sie versuchen zwar gelegentlich, ihren Reiter umzubringen – aber eigentlich nie mehr als einmal am Tag."

Capwells Gegner Mark Griffin auf seinem Hengst Hawthorn.

gab nach. Um das zu verhindern, erfanden die Waffentechniker den sogenannten Rüsthaken – eine Aufhängevorrichtung für die Lanze an der Seite des Brustpanzers. So konnte der Reiter den Stoß mit dem Körper auffangen und ein Durchrutschen verhindern.

Der Rüsthaken hatte im Experiment durchschlagenden Erfolg: Capwells Lanzenstöße erreichten auf diese Art eine durchschnittliche Energie von 140 Joule, der höchste gemessene Wert lag gar bei 208 Joule. Ohne Rüsthaken betrug der Mittelwert nur 103 Joule. Dabei war es egal, ob die Wissenschaftler das Gewicht des Pendels veränderten oder eine andere Lanzenspitze aufsetzten: Entscheidend für die Aufprallenergie war nur die Verwendung des Rüsthakens.

Moderne Schutzweste wäre keine Rettung

Für einen Menschen hätte ein solcher Lanzentreffer ziemlich unangenehme Folgen, selbst wenn er eine Schutzweste tragen würde. In Sachen Stichschutz liegen die Maximalwerte moderner Westen bei rund hundert Joule. Bei einer Aufprallenergie von mehr als 200 Joule wäre es vermutlich um den Westenträger geschehen.

Als nächstes wollen Williams und Capwell weitere Lanzentypen untersuchen, zum Beispiel schwere Exemplare, die im sogenannten Rennen benutzt wurden. Diese Form des Tjosts war im späten 15. und frühen 16. Jahrhundert vor allem im Deutschen Reich en vogue. Ziel war es, den Gegner nicht nur zu treffen, sondern möglichst spektakulär aus dem Sattel zu heben. „Die Lanzen, mit denen die Rennen gekämpft wurden, waren im Grunde nichts anderes als kleine Bäume, denen man nur die Äste abgestreift hatte", meint Capwell.

Für die Beteiligten ging das nicht immer glimpflich aus. Zwar wurden etwa in England schon Ende des 13. Jahrhunderts Regeln eingeführt, um die Gefahr zu verringern. Doch obwohl spitze und scharfe Waffen bald verboten waren, kam es immer wieder zu schweren Verletzungen und Todesfällen, sodass diverse Fürsten und selbst der Papst das Tjosten zeitweise untersagten.

Das große Zeitalter des Tjosts in England war die Regierungszeit von Königin Elisabeths Vater, Heinrich VIII., der von 1509 bis 1547 herrschte. Der König ließ eigens für seine Rüstungen eine neue Schmiede in Greenwich bauen und dort Meister aus Deutschland und den Niederlanden arbeiten. Als seine erste Frau Katharina von Aragón ihm am Neujahrstag 1511 einen Sohn gebar, veranstaltete Heinrich ihr zu Ehren einen Tjost. Den Spaß ließ er sich rund 4400 Pfund kosten – mehr als sein Flaggschiff, die Mary Rose. Umgerechnet entspräche das heute einer Summe von 23 bis 34 Millionen Euro.

Mittelalterlicher Profisport

Bei derartigen Summen dauerte es nicht lange, ehe die ersten Profisportler die Szene betraten. Da der Sieger eines Tjosts Waffen, Rüstung und Pferd seines Kontrahenten kassierte, konnte das Tingeln von Turnier zu Turnier überaus lukrativ sein. So mancher Lanzenkünstler verdiente auf diese Weise seinen Lebensunterhalt oder brachte es gar zu Reichtum.

Auch bei der experimentellen Forschung an Rüstung und Waffen ist jede Menge Geld im Spiel. Will man nicht nur auf ein Pendel losreiten, sondern Turniersituationen nachstellen, braucht man außer Lanzen auch solide Rüstungen für zwei Reiter. Derzeit baut Capwell mit Unterstützung der Denkmalorgansation Historic Royal Palaces zwei Tjost-Rüstungen nach Vorbildern aus der Regierungszeit Heinrichs VIII. Stückpreis: rund 23 000 Euro.

Bis die Metallkleider fertig sind, trägt Capwell sein privates Exemplar, das einer Kriegsrüstung des späten 15. Jahrhunderts entspricht. Das sei authentisch, betont der Forscher: „Im 15. und 16. Jahrhundert war es durchaus üblich, in Kriegsrüstung auf dem Tjost zu erscheinen.“

Nicht zuletzt braucht man für experimentelles Tjosten gut ausgebildete Pferde. „Das sind extrem teure Kreaturen“, betont Williams. Capwell reitet dafür sein eigenes Pferd namens Duke. Der Hengst ist ein Friese, den Capwell selbst ausgebildet hat. „Friesen kommen den mittelalterlichen Tjost-Pferden in Aussehen und Charakter am nächsten“, sagt er. „Sie versuchen zwar gelegentlich, ihren Reiter umzubringen – aber eigentlich nie mehr als einmal am Tag.“   ■

Schlammgräber buddeln Schätze aus dem Themse-Schlick

Edelsteinsplitter, Reste von Kettenhemden, Fußfesseln – Hobby-Historiker entdecken im Schlamm der Themse die Londoner Geschichte neu. Und zwischen Millennium Bridge und Tower werden seit einiger Zeit sogar indische Opfergaben angeschwemmt.

„Soll ich Dir einen Edelstein finden?“, fragt Steve Brooker. Welche Frau hört diese Frage nicht gern? Mein Gegenüber lacht, setzt die Maurerkelle an und zieht die oberste Schicht vom schwarzen Schlamm ab. Im hellen Sonnenlicht funkelt es aus dem freigelegten Streifen. „Hier“, sagt er und legt vorsichtig einen winzigen dunkellila glänzenden Krümel in meine Handfläche. „Ein Granat.“

Auf dem Quadratmeter Themse-Ufer, auf dem wir stehen, ist es leicht, ein Kavalier zu sein. Denn hier hatte einst ein Edelsteinschleifer seine Werkstatt. Der Boden ist voll winziger Halbedelsteinsplitter – Müll von seiner Werkbank. Und Brooker, der sein Geld normalerweise mit dem Einbau von Fenstern in den Hochhäusern der Londoner City verdient, kennt jeden Quadratmeter

Wühlen im Schlamm: Autorin Angelika Franz sucht vor dem „Verrätertor" nach Schätzen aus dem Tower.

Uferland. Zwischen Millennium Bridge und Tower ist er als „Mud-lark" unterwegs, wörtlich übersetzt heißt das so viel wie Schlamm-schwalbe. An jedem freien Tag streift Brooker durch den dicken schwarzen Uferschlick der Themse auf der Suche nach dem Müll und den Schätzen, die Menschen hier in mehr als dreitausend Jahren verloren.

Sie waren gute Verlierer, die Londoner

Der Inhalt von Hosentaschen, ganze Wagenladungen und manch-mal sogar Tote. „Von Leichen bis Bügelbrettern liegt hier alles", sagt Brooker. In der Tat setzt man mit fast jedem Schritt seinen Stiefel auf Knochen oder Scherben. Häufiger als alles andere finden sich aber Nadeln.

Tonpfeifen, Teekannendeckel und Tierzahn: So sieht die Ausbeute eines drei-stündigen Spaziergangs im Themse-Schlamm aus. Die Tonpfeifen waren billige Massenware. Ein kleiner Kopf saß am Ende eines langen Stiels. Der war extrem fragil und brach bei ungeschickter Handhabung schnell entzwei.

„Hier musst Du graben", sagt Brooker und zeigt auf eine kleine Mulde, in der die Strömung Steinchen zusammengetragen hat. „So sehen die vielversprechenden Fundstellen aus." Ich bohre die Spitze meiner Maurerkelle, dem typischen Grabungswerkzeug, in den Schlick. Und tatsächlich: Fünf, sechs feine Stecknadeln haben sich zwischen den Steinen verkeilt. In der nächsten Steinmulde das gleiche Bild: Nadeln über Nadeln. „Eine feine Dame hatte früher um die tausend Nadeln in ihrer Kleidung stecken", sagt Brooker. „Und da fielen oft mal welche raus."

Auch Männer hinterließen ihre Spuren im Themse-Schlamm, hauptsächlich in der Form von kleinen weißen Röhrchen: Stiele von Tonpfeifen. In ihnen rauchten die Briten ihren Tabak, bis gegen Anfang des 20. Jahrhunderts Zigaretten und Zigarren in Mode kamen. Die Tonpfeifen waren billige Massenware. Ein kleiner Kopf saß am Ende eines langen Stiels. Der war extrem fragil und brach bei ungeschickter Handhabung schnell entzwei. Doch kein Problem: Das abgebrochene Stück flog im hohen Bogen in den Fluss, und der Besitzer rauchte seine Pfeife mit kürzerem Stiel weiter. Die frühesten Pfeifenexemplare, die schon wenige Jahrzehnte nach der Entdeckung Amerikas – und damit des Tabaks – als ständiger Begleiter im Mundwinkel der Matrosen auftauchten, hatten kleine, fassförmige Köpfchen. Im Laufe der Zeit wurden die Köpfe größer und waren oft auch verziert.

Königlicher Müll zu Füßen des Towers

Das zugemauerte Verrätertor des Tower of London ist bei Ebbe mit einer dicken Schleimschicht aus grünem Modder bedeckt. Durch diesen Eingang betraten unter anderen zwei der sechs Frauen von Heinrich VIII. den Tower, bevor sie wenig später hinter den Mauern den Kopf verloren. Der schmale Strand vor dem Tor ist ein ideales Revier für die sogenannten Mudlarks, die Schlammgräber von London. Denn über just jene Mauer fegten die Angestellten des Königspalastes jahrhundertelang jeden Abend den royalen Müll.

Und was kringelt sich da im Sand? Wattwürmer? Nein, es fühlt sich fest an – und ist offenbar ein Stück Kettenhemd. Getragen hat das allerdings nie jemand, sagt Brooker. Solche kleinen Stücke seien Abfall aus der Werkstatt des Kettenhemdschneiders. Der habe seinen Stoff nämlich als Meterware geliefert bekommen. Mit der Zange habe er die passende Größe zurechtgeschnitten. Die übrigen Schnipsel seien als Verschnitt in die Themse gewandert.

Im Tower-Müll wühlen darf nicht jeder. Während die Südseite der Themse frei zugänglich ist, haben für die Nordseite nur 51 Mitglieder der „Society of Thames Mudlarks" eine offizielle Genehmigung der Port of London Authority. Brooker ist Vorsitzender des Vereins. Er weiß, dass die Nordseite gefährlich ist: Das Wasser steigt bei einem Tidenhub von über sieben Metern schnell – und leicht gerät man vor den steil aufragenden Wänden der nördlichen Uferbebauung in die Falle.

Es gibt noch einen Grund, die Zahl der Mudlarks zu begrenzen: Zu Füßen des Towers und der alten Dockanlagen ist der Schlamm besonders voll von historisch bedeutenden Artefakten. Deswegen bekommt man nur nach einer jahrelangen gewissenhaften Zusammenarbeit mit dem Museum of London eine Lizenz für die Suche. Wer schnell mal einen Schatz finden möchte, ist hier völlig falsch. Wer sich aber für London, seine Geschichte und Geschichten interessiert, wird hier glücklich. Brookers Lieblingsfunde sind Schuhe. Denn durch sie kommt er den Londonern der vergangenen Jahrhunderte besonders nahe. „In jedem davon ging mal ein Mensch durch sein Leben."

Ertrunken mit Kugel am Bein

Während im sonnenbeschienenen Ober-London die Touristen die St. Pauls Cathedral und Shakespeares Globe Theatre bewundern, wandern wir im Schatten der großen Brücken durch Unter-London. An den Pfeilern von Milliennium, Southwark, London und Tower Bridge hat die Themse alles abgelagert, was sie nicht mit sich nehmen und in die Nordsee tragen konnte.

Einiges sind Geschenke an den Fluss selbst. Zwischen den Steinen blitzt eine Kette mit 109 durchsichtigen Glasperlen und einer Quaste aus pinkfarbenem Garn. Es ist eine indische Opfergabe – immerhin 6,1 Prozent der Bevölkerung Londons stammt vom indischen Subkontinent, und dort bittet man mit kleinen Opfergaben um die Erfüllung von Wünschen oder Bedürfnissen. Wer in Kalkutta lebt, wirft sie in den Ganges. In London erfüllt die Themse denselben Zweck. Indische Münzen und Ketten liegen im Fluss – und sogar Statuen. Brooker hat schon Dutzende aus der Themse gefischt. „Ich hab eine Ecke meines Gartens nur mit indischen Opfergaben eingerichtet." In Brookers Garten wachsen, stehen, hängen und liegen überall Kuriositäten aus dem Schlamm.

Der Fund, der ihn berühmt gemacht hat, ist allerdings noch im Museum of London ausgestellt. Im Mai 2008 hat er eine acht Kilogramm schwere Eisenkugel aus dem Schlamm gezogen. Sie sollte einst einen Häftling an der Flucht hindern – offenbar mit Erfolg, das Schloss war fest eingerastet. Die Wahrscheinlichkeit ist groß, dass der Gefangene mit dem Gewicht am Bein in der Themse ertrank. Es muss sich um einen wichtigen Inhaftierten gehandelt haben. Der raffinierte Schließmechanismus ist die Arbeit eines wahren Künstlers, der wahrscheinlich aus Deutschland stammte.

Am Ende der Ausstellung wird Brooker nach britischem Recht die Fußfessel zurückbekommen. In den Garten soll das Gerät aber nicht, der Hobby-Archäologe will sein Prunkstück am liebsten verkaufen – der Erlös soll ein Mudlark-Museum mitfinanzieren. Brooker will „ein kleines Mitmach-Museum vor allem für Schulklassen" errichten. „Direkt am Themse-Ufer unterhalb der Tate Modern – sodass die Kinder auf Führungen selber die Geschichte Londons aus dem Schlamm buddeln können." ■

Auf den Hut gekommen

Bald geht Indiana Jones wieder auf Jagd – natürlich mit seinem legendären Hut. Dessen Geschichte und Herstellung ist selbst ein Abenteuer. In den Hauptrollen: zwei Freunde auf zwei Seiten des Atlantiks – und eine große Leidenschaft.

Marc Kitter sah „Jäger des verlorenen Schatzes" erst 1989, auf Video. Damals war der Film schon acht und Marc gerade 13 Jahre alt. Es war Liebe auf den ersten Blick. Doch Marc verliebte sich nicht etwa in Indiana Jones' Freundin Marion Ravenwood, gespielt von Karen Allen, auch nicht in das abenteuerliche Leben eines Nazis-bekämpfenden Archäologen, wie wohl die meisten Jungen seines Alters. Es war der Hut, der es ihm angetan hatte.

Fortan trug Marc Zeitungen aus, in seinem süddänischen Heimatort Tinglev, 18 Kilometer nördlich von Flensburg, bis er genug Geld beisammen hatte, um mit seinen Eltern nach Hamburg zu fahren, in die große Stadt, und sich einen Hut zu kaufen – genau so einen, wie Indiana Jones ihn trug.

Auch im neuesten Film „Indiana Jones und das Königreich des Kristallschädels" hat er wieder hauptsächlich auf den Hut geachtet. Denn die Hüte, die Harrison Ford und seine Stuntdoubles tragen werden, hat Kitter gemacht, zumindest die Hälfte davon. Die andere Hälfte stammt von seinem besten Freund, Steve Delk.

Gefilzter Blockbuster

Delk ist 57 Jahre alt und lebt in Mississippi. Er sah „Jäger des verlorenen Schatzes" zum ersten Mal 1996, wie Kitter ebenfalls auf Video. Und genau wie Kitter konnte er kein Auge von dem Filzhut auf Harrison Fords Kopf lassen. Damals war Delk noch Möbeltischler. Heute ist er Hutmacher.

Kennengelernt haben die beiden sich im Club Obi-Wan, einem Internetforum, in dem die Ausrüstung von Indiana Jones diskutiert

Gut behütet: Indiana Jones (Harrison Ford) und Mutt Williams (Shia LaBeouf) in einer Szene aus „Indiana Jones und das Königreich des Kristallschädels".

wird: die Lederjacke, die Bullenpeitsche, Pistole, Holster – und eben der Hut. Kein Wunder, dass die beiden sich auf Anhieb gut verstanden. „Wir haben unzählige Stunden telefoniert und Tausende E-Mails geschrieben, um über Hüte zu diskutieren", sagt Kitter. „Das klang ungefähr so: Meinst du, das Hutband ist noch einen Millimeter zu schmal? Vielleicht. Aber die Krempe könnte auf jeden Fall noch zwei Millimeter breiter sein!" Die schlechte Kopie des Indiana-Jones-Hutes, die Kitter mit seinem Zeitungsgeld erstanden hatte, befriedigte ihn auf Dauer nicht wirklich. Und auch Delk suchte und suchte nach dem perfekten Hut. „Ich habe 7500 Dollar für Hüte ausgegeben", erklärt er. Einen Originalhut zu bekommen, war inzwischen unmöglich geworden.

Richard Swales, der 1981 den Hut für „Jäger des verlorenen Schatzes" gemacht hatte, war pensioniert. Die Londoner Firma Herbert Johnson, für die er gearbeitet hatte, fertigt ihre Hüte mittlerweile maschinell. Und der alte Block, auf dem Swales den legendären Hut einst formte, gilt als spurlos verschollen. Also begannen Kitter und Delk, selbst zu experimentieren. Sie kauften alte

Hüte bei eBay, nahmen sie auseinander, formten sie um und näh-
ten sie wieder zusammen. Schließlich wurde Delk klar: Wenn er
genau diesen einen Hut haben wollte, dann musste er ihn selbst
herstellen. In der Library of Congress in Washington D. C. fand er
ein altes Buch, „Scientific Hat Making". Das wurde für Delk und
Kitter zur Bibel. Zehn Monate lang arbeitete Delk an einem Holz-
block für den Hut. „Ich war Möbeltischler", sagt er, „da denkt man,
man kann aus Holz alles machen." Also baute er einen Block für
sich und einen für seinen Freund Marc.

Fans stehen Kopf

Doch damit fing die Arbeit erst an. Kitter und Delk stiegen in die
Magazine von Museen hinab, um dort alte Hüte zu studieren. Sie
riefen alte Hutmacher an, die heute über 90 Jahre alt sind. Kitter
in Europa, Delk in Amerika. „Einige davon waren richtig glücklich,
mit jemandem über ihre Arbeit sprechen zu können", erzählt Kitter.
Die Hutmacherei ist eine Art Geheimwissenschaft. Tricks und Knif-
fe wurden niemals aufgeschrieben – dann hätte ja der Konkurrent
ebenso gute Hüte machen können. „Aber jetzt, am Ende ihres Lebens, waren einige doch sehr glücklich, ihr Wissen nicht mit ins
Grab nehmen zu müssen."

Schließlich produzierte Delk einen Hut, mit dem er zufrieden
war. Und präsentiert ihn im Internet. „Das Nächste, woran ich mich
erinnere, ist, dass Hunderte von Leuten diesen Hut kaufen wollten", erzählt er. „Aber ich war doch kein Hutmacher. Ich war Tisch-
ler!" Also setzte er sich nach Feierabend in seine Hutwerkstatt;
modellierte für Freunde, Fans und bald auch Fremde auf seinem
neuen Block alte Hüte um, bis sie genauso aussahen wie der
„Jäger"-Hut. Und machte jede Menge neue. Zunächst kassierte er
dafür nicht mehr als nur den Selbstkostenpreis plus Portogebüh-
ren. Nach wenigen Monaten rief er Kitter an: „Marc, ich schaffe es
nicht mehr allein. Willst Du mitmachen?"

Seitdem arbeitet Kitter, der BWL studiert hat, tagsüber als Ein-
käufer eines großen Werkzeuglieferanten in Niedersachsen. Und

abends sowie am Wochenende macht er Hüte. Um die direkte Kon-
kurrenz mit Steve zu vermeiden, hat er sich auf die Deluxe-Edition
spezialisiert. Zwar verkaufen beide unter dem gleichen Namen
„Adventurebuilt", aber Kitters Hüte sind um einiges teurer. „Ich
habe einen Filzlieferanten, der qualitativ sehr hochwertigen Filz
liefert", erklärt er den Preisunterschied. „Der mischt die Farbe speziell an und bringt noch einen extra Wasserschutz auf."

48 Hüte für Indiana Jones

Als der vierte Teil der Indiana-Jones-Reihe angekündigt wurde,
ging natürlich das Rätselraten los: Wer würde den Hut liefern?
Kurz vor Beginn der Dreharbeiten rief dann Peter Botwright, Her-
steller von Indys Lederjacken, an. „Wir haben ein Gentlemen's Ag-
reement geschlossen", erzählt Delk. „Falls ich den Job bekommen
sollte, würde Marc die Hälfte der Hüte machen. Und falls er den
Job bekäme, würde ich die Hälfte der Hüte machen." Am nächsten
Tag rief der Kostümbildner Bernie Pollack (Bruder des Regisseurs
Sydney Pollack) bei Delk an. „Aber nur, weil Mississippi erheblich
weniger Zeitverschiebung zu Los Angeles hat als Europa", beeilt
sich Delk hinzuzufügen. Er bestellte zwei Dutzend Hüte, und Delk
und Kitter begannen, Tag und Nacht zu arbeiten. Insgesamt fertigten die beiden 48 Hüte für „Indiana Jones und das Königreich des
Kristallschädels" an: neun für Ford, entsprechend viele für seine
drei Stuntdoubles und ein paar extra für Regisseur Steven Spielberg, die er als Geschenke an gute Freunde verteilen wollte.

Was wird das für ein Hut sein, der im „Königreich" Harrison
Fords Schädel ziert? „Eine Mischung aus dem ‚Jäger'-Hut und dem
Hut, den Indy in dem ‚Letzten Kreuzzug' getragen hat", verrät Delk.
Für echte Fans ist der „Jäger"-Hut der einzig wahre. 99 Prozent der
Hüte, die er und Kitter auf Wunsch fertigen, sind „Jäger"-Hüte.

Jagd wird auch die Presse auf die beiden Kopfarbeiter machen.
Delk sieht dem Rummel mit südstaatlicher Gelassenheit entgegen.
Vor ein paar Tagen bat die „New York Times" um ein Interview.
„Ich glaube, ich will gar nicht mit denen reden", brummt er. „Ich

habe schon genug Publicity." Seine Prioritäten liegen woanders. „Das Beste ist, dass meine drei Enkelkinder eines Tages den Film gucken und sagen können: Opa hat diesen Hut gemacht!" ∎

Extrem-Grabung im Antlitz von Eisbären

Wer im Permafrost graben will, darf nicht zimperlich sein. Die Archäologin Anne Jensen kämpft am nördlichsten Punkt der USA gegen Eisbären, Kälte und Bodenerosion. Mit ihrer Arbeit hofft sie, endgültig das Rätsel um die Herkunft des Thule-Volkes zu lösen.

Eine archäologische Ausgrabung in der arktischen Tundra hat ihre Tücken. Manchmal zum Beispiel wird ein Eisbär neugierig. „Dann versuchen wir, ihn mit Schreckschüssen zu vertreiben", erzählt Anne Jensen im selben Plauderton, in dem andere von Wespenbesuch bei ihrem Picknick im Park an einem lauen Sommerabend berichten. „Und wenn er nicht gehen will, nun, dann packen wir unsere Sachen und ziehen uns für eine Weile zurück."

Weil ihre Leute sich aber auf die Artefakte im Boden und nicht auf Eisbären konzentrieren sollen, ist Jensen dazu übergegangen, Bärenwächter aufzustellen. Den Job, wie fast alle anderen Arbeiten auf der Ausgrabung auch, erledigen Schüler der lokalen High School. „Das sind Iñupiat. Die wissen, wie man mit einem gelegentlich herumstreifenden Bären umgeht", versichert sie.

Jensen gräbt dort, wo die Welt zu Ende ist. Oder zumindest die Vereinigten Staaten von Amerika, an ihrem nördlichsten Punkt in Alaska, bei 71° 23' 20" N, 156° 28' 45" W. Von Point Barrow bis zum Nordpol sind es nur noch 2078 km. Um die Spitze der schmalen Landzunge branden im Westen die Brecher der Tschuktschensee, im Osten diejenigen der Beaufortsee. Vor einem knappen Jahrzehnt bekam die Archäologin, die für die in Barrow ansässige Ukpeagvik Iñupiat Cor-

EXTREM-GRABUNG IM ANTLITZ VON EISBÄREN **91**

poration arbeitet, einen aufgeregten Anruf. Die Wellen hätten an der Spitze der Landzunge menschliche Knochen freigewaschen. Jensen fuhr hinaus, in Begleitung der Polizei. Doch ein kurzer Blick genügte, und die Polizisten konnten wieder heimfahren. Die Knochen waren alt. Bestattet vor mindestens 1000 Jahren. Damit begann Jensens Job: ihr Kampf gegen Wellen, Permafrost und Eisbären.

Mittelalter-Technik schlägt moderne Aluminiumboote

Dass an der Landspitze archäologische Reste liegen, ist schon lange bekannt. Denn bis in das vorige Jahrhundert hinein war die Iñupiat-Siedlung Nuvuk sogar noch bewohnt. Die Marker der jüngsten Gräber des Dorffriedhofes ragen im Sommer aus dem Boden, beliebtes Ziel für Einheimische und Touristen auf der Suche nach ungewöhnlichen Souvenirs. Was die Besucher nicht plünderten, zerstörte die Regierung beim Bau einer Abschussrampe für Nike Cajun und Nike Apache Raketen in den Sechziger- und Siebzigerjahren des 20. Jahrhunderts. Später kam der Mast einer Wetterstation dazu. Und Jahr für Jahr holen sich die Wellen etwa 20 Meter der bröckeligen Landkante. „Die Stätte ist wahrlich keine Schönheit", beschreibt Jensen ihren Arbeitsplatz.

Umso außergewöhnlicher sind die Funde. Die Gräber am äußersten Ende, ist sich die Ausgräberin inzwischen sicher, gehören zu den frühesten der Thule-Kultur in Alaska. Die beherrschte im späten ersten Jahrtausend unserer Zeitrechnung die Region. Die Thule jagten Wale aus den *umiat,* großen fellbespannten Booten, in denen bis zu 20 Leute Platz fanden, heraus. So ausgefeilt ist die Bauweise der *umiat*, dass sie bis in die Neuzeit im Gebrauch sind. „Die neumodischen Aluminiumboote kann man bei der Jagd im Eis nicht benutzen, weil die Geräusche des Wassers an den Bootswänden den Wal erschrecken", erzählte der Walfänger Kapitän Burton „Atqaan" Rexford, einst in Nuvuk geboren, noch 1997 für eine geschichtliche Dokumentation.

Aber auch gemütliche Häuser schaffte sich das Volk der Thule. Eine Neuerung in der Bautechnik ermöglichte es damals zum ersten Mal, größere Räume für Versammlungen zu errichten. Vor den winterfesten Behausungen fingen nun lange Eingangstunnel die Kälte ab. „Als Baumaterial dienten Walknochen, vor allem die Rippen und die Kiefer", erklärt Anne Jensen. Walknochen mussten bei den Thule so ziemlich für alles herhalten, für Häuser ebenso wie für einfache Sargkonstruktionen. Ein Thule wurde zwischen Walknochen geboren und oft auch zwischen Walknochen wieder bestattet. Sogar Teile von Rüstungen aus den Barten der Bartenwale hat Jensen gefunden.

„Als ob man Margaritas trinkt"

Das älteste Grab ihrer Ausgrabung ist datiert zwischen 875 und 1005 unserer Zeitrechnung. „Aber wir wissen nicht, wie viele ältere Bestattungen bereits in die See gewaschen wurden." Denn die Thule siedelten dicht an der Küstenlinie, so dicht an den Walen wie möglich. Ihre Gräber jedoch legten sie im Landsinneren an, auf höher gelegenem Boden. Wenn die See nach fünf oder mehr Generationen die Häuser bedrohte, wurde die Siedlung nach hinten verlegt – direkt auf die alten Gräber, deren Existenz man lange vergessen hatte. Anne Jensen hofft, mit den Funden von Nuvuk endlich die Frage nach der Herkunft der Thule zufriedenstellend klären zu können. „Es gibt immer noch Leute, die behaupten, die Thule wären aus dem Osten hierher eingewandert", beschwert sie sich. „Aber das ergibt überhaupt keinen Sinn. Die kamen von hier."

Der arktische Sommer ist kurz. Mit Glück hat Anne Jensen jedes Jahr zehn Wochen lang Zeit, die nächsten Meter Küstenlinie archäologisch zu untersuchen. Die Arbeitstage aber sind dann lang, denn die Sonne geht nie unter. Wenn sie kurz nach Mitternacht am 10. Mai aufgeht, bleibt sie erstmal bis zum 2. August am Himmel stehen. Dann endlich steigen im Juni die Durchschnittstemperaturen auf zwei Grad Celsius an. Genug, um die oberste Schicht des Permafrostes aufzutauen.

Schon Anfang August aber machen die Herbststürme selbst den Iñupiat die Arbeit auf der Grabung zu ungemütlich. Wenn die

„Die Stätte ist wahrlich keine Schönheit", beschreibt Jensen ihren Arbeitsplatz.

Gischt an der Abbruchkante der Landspitze aufschäumt, ist die Luft voll Salz. „Auf den Lippen ist dann so eine dicke Salzkruste, als ob man Margaritas trinkt." Dann muss Anne Jensen die Grabung aufgeben und hoffen, dass die Brecher ihr über die langen Wintermonate nicht wieder mehr Gräber nehmen, als sie in diesem Sommer dokumentieren konnte. ◼

Schatz im Vulkansee

Schon als Kind hörte Roberto Samayoa die Legenden von einer Kirche in einem guatemaltekischen See. Als er dann beim Tauchen tatsächlich Tempel entdeckte, fehlte das Geld für Forschungen. Erst jetzt bestätigen Archäologen: Er hat eine spektakuläre Pilgerstätte der Maya gefunden.

Wie alle Kinder liebte es auch Roberto Samayoa Asmus, die Ferien bei seinen Großeltern zu verbringen. Sein deutschstämmiger Großvater und seine guatemaltekische Großmutter lebten am Ufer des

Lago de Atitlán, Guatemalas drittgrößtem See. Jede freie Minute verbrachte Samayoa am und im Wasser. „Daher kommt meine große Liebe für diesen See", sagt Samayoa.

Nie hat diese Liebe nachgelassen. Als Erwachsener begann Samayoa zu tauchen. „Seit vielen Jahren bin ich jedes Wochenende im See", erzählt er. „Insgesamt habe ich über 2000 Stunden unter der Wasseroberfläche verbracht."

Auf einem seiner Tauchgänge fiel Samayoa ein Gebilde auf, das wie eine versunkene Insel aussah. Etwa 500 Meter vom Ufer entfernt erhebt sich ein Buckel vom Seegrund. Die Kuppe liegt nur etwa 15 Meter unter der Wasseroberfläche, obwohl der Grund sonst bis zu 60 Meter tief ist. „Auf dieser ‚Insel' fand ich archäologisches Material." Es stamme aus der mittleren und späten präklassischen Periode der Maya, also aus der Zeit zwischen 1200 vor und 250 nach Christus, erzählt Samayoa.

Von Menschenhand geschaffen

Ragte dieser Buckel im See einst so weit aus dem Wasser, dass er für die Maya ein Ausflugsziel, wenn nicht sogar ein Platz zum Siedeln war?

Erst nach und nach entdeckte der Guatemalteke, welches Ausmaß sein Fund hatte. „Es hat lange gedauert, bis ich bemerkte, dass die Steinanordnungen auf der Insel nicht natürlich, sondern von Menschenhand geschaffen waren." Erst als er eine Stele – einen aufrechten Stein mit Zeichen darauf – entdeckte, habe er gewusst, dass die Steine nicht zufällig so angeordnet waren. Sollte doch etwas dran gewesen sein an den alten Geschichten, die seine Großmutter ihm, als er noch ein Kind war, von einer versunkenen Kirche im See erzählt hatte?

Zunächst interessierte sich niemand für die Entdeckung des Hobbytauchers. Die Leute der Region hatten andere Sorgen. Bis 1996 tobte in Guatemala noch der 36 Jahre während Bürgerkrieg. In diesem Krieg richteten sich die Übergriffe der Regierung immer wieder vehement gegen die Nachkommen der Maya, weil sie für guerillafreundlich gehalten wurden. In vielen der Dörfer rund um den Lago de Atitlán dominiert noch heute die Maya-Kultur den Alltag, vor allem ethnische Subgruppen wie Tz'utujil und Kaqchikel leben an seinen Ufern. Allein in der Stadt Santiago Atitlán sollen während des Krieges 300 Maya spurlos verschwunden sein. Ein Friedensmarsch zu einer Militärbasis am Rand der Stadt endete 1990 mit einem Massaker, bei dem 13 unbewaffnete Zivilisten erschossen wurden.

Angst vor Plünderern

Während des Bürgerkrieges wäre es Samyoa kaum möglich gewesen, seinen Fund öffentlich zu präsentieren. Deshalb wurde es jetzt nach dem Krieg für ihn umso wichtiger, das kulturelle Selbstbewusstsein der Maya, zu denen er schließlich auch selbst gehört, wieder zu stärken. „Ich habe immer gedacht, dass die Rettung der Maya-Artefakte von der Insel im See helfen kann, die kulturelle Identität der Bewohner des Lago de Atitlán zu bewahren." Deshalb meldete er alle Funde dem Institut für Anthropologie und Geschichte der staatlichen Universidad de San Carlos. Doch weil das Geld für eine nähere Untersuchung der Fundstelle fehlte, geschah erst gar nichts. Zu groß war auch die Angst, dass die Anwesenheit von Archäologen am See bald die Aufmerksamkeit von Plünderern auf sich ziehen könnte.

Im Jahr 2000 schließlich nahm Samayoa die Sache selbst in die Hand: Er gründete das Museo de Arqueología Lacustre del Lago de Atitlán, in dem nun mehr als hundert Fundstücke vom Seegrund aus präklassischer, frühklassischer und spätklassischer Zeit ausgestellt sind. Die Stadt auf dem Seegrund hatte inzwischen auch einen Namen. Samayoa taufte sie Samabaj – nach sich selbst.

Langsam erwachte auch das internationale Interesse an der versunkenen Maya-Insel. Vor drei Jahren gelang es Samayoa, finanzielle Unterstützung von der US-amerikanischen Stiftung Reinhardt zu beantragen. Und so wurde es endlich möglich, herauszufinden, was genau im See versunken war. Die Scripps Institution

Mehr als hundert Fundstücke hat Roberto Samayoa vom Grund des Lago de Atitlán heraufgeholt. Sie sind jetzt alle in seinem Museum ausgestellt.

of Oceanography bekam den Auftrag, die Fundstelle zu kartieren. Mit Sonargeräten fertigten die Forscher hochauflösende Aufnahmen der Unterwasserinsel an. Ihren Messungen zufolge ist die Siedlung rund 400 Quadratmeter groß. Wahrscheinlich, mutmaßten die Wissenschaftler, begann vor über 2000 Jahren im Zentrum des Sees ein neuer Vulkan zu wachsen. Diese vulkanische Aktivität ließ den Wasserspiegel sprunghaft ansteigen – und Samabaj versank in den Fluten.

Ein spiritueller Ort?

In diesem Sommer kamen auch Unterwasserarchäologen zur Fundstelle. Ein Team von der Universidad de San Carlos unter der Leitung von Sonia Medrano inspizierte das versunkene Dorf. Sechs religiöse Monumente und vier Altäre fanden die Forscher. „Aber ohne Zweifel liegen da unten noch mehr – was bedeutet, dass dies ein besonders bedeutender spiritueller Ort war", sagt Medrano. Auch Häuserruinen fanden die Archäologen. Sie schätzen, dass insgesamt 150 Menschen auf der Insel gelebt haben. „In den Hütten lag jede Menge religiöser Krimskrams", sagt Medrano. Mehr als sonst bei archäologischen Maya-Stätten üblich.

War Samabaj also eine Art Pilgerinsel? Viele der Gefäße und Figuren waren vollständig erhalten. Das spricht dafür, dass die Einwohner die Stätte fluchtartig verlassen mussten, ohne ihr Hab und Gut mitzunehmen.

Das Rätsel von Samabaj ist noch lange nicht gelöst. „Die Siedlung ist sehr alt", sagt Samayoa. Sie stamme aus der Zeit, als der Maya-Bibel, des Popol Vuh, zufolge die Zivilisation der Maya überhaupt begann. Immer noch fehlen aber die finanziellen Mittel für eine systematische Untersuchung. „Derzeit haben wir eine kurzzeitige Vereinbarung mit einer Institution, die eine Fernsehdokumentation drehen will", sagt Samayoa. „Doch das Geld reicht nur für einen Monat, solange die Filmarbeiten andauern. Danach sind wir wieder Pleite." ■

Der Maler und sein Müll

Absinthflaschen und Tigerbalsam, Morphiumspritzen und Rinderkraftbrühe: Auf der Südseeinsel Hiva Oa haben Archäologen in einem Brunnen den Hausmüll von Paul Gauguin gefunden – intime Zeugnisse eines unkonventionellen Lebens.

In dem Brunnen fand sich alles, was ein alter, kranker Mann zum Leben brauchte. Alkoholflaschen, mit deren Inhalt er die Verbitterung bekämpfte. Ein Tiegel Tigerbalsam, mit dem er seine schmerzenden Glieder einrieb. Eine Flasche Parfum, dessen Duft ihm gelegentlich die Gunst eines jungen Mädchens erkaufte. Kurz: In dem Schacht befanden sich die kläglichen Überreste des Lebens eines großen Malers, die Haushaltsabfälle von Paul Gauguin.

Nun, über hundert Jahre später, haben Archäologen diese Hausabfälle beim Bau des neuen Paul Gauguin Kulturzentrums in Atuona auf der Marquesas-Insel Hiva Oa ausgegraben. Das Museum mit Werkstatt steht, ebenso wie ein Nachbau des Maison du

Brunnen hinter Gauguins Haus auf der Südseeinsel Hiva Oa: Spätere Eigentümer des Anwesens warfen den Nachlass des Malers hinein.

Jouir auf dem ehemaligen Grundstück des Malers. Gauguin hatte die traditionelle Maori-Hütte, die er in den letzten zwei Jahren seines Lebens bewohnte, mit eigenen Händen gebaut. Und die Käufer seines Hauses, des legendären Maison du Jouir (Haus der Wonnen), hatten sie nach seinem Tod im Jahr 1903 einfach in den Brunnenschacht gekippt.

1901 war Gauguin auf die Insel gekommen, geflohen vor einem Leben in bitterer Armut in Frankreich und auf der Suche nach einem „ursprünglichen" Paradies, in dem es sich billig und gut leben ließ. Die Gauguin-Expertin und Direktorin der Pont-Aven School of Contemporary Art, Caroline Boyle-Turner, hat die Liste der Funde in der neuen Ausgabe der Zeitschift „Van Gogh Studies" veröffentlicht. „Es war sehr aufregend, einen so direkten Blick in das

Alltagsleben Gauguins werfen zu können", sagt Boyle-Turner. „So nahe kommt man einem Maler nur selten."

Die leeren Flaschen aus dem Brunnenschacht dokumentieren die alkoholischen Vorlieben des Malers: Gauguin trank Absinth. Genau wie sein ehemaliger Freund Vincent van Gogh, der sich nach ausgiebigem Genuss des giftgrünen Getränks und einem daraus resultierenden Streit mit Gauguin ein Stück seines Ohres abschnitt. Außerdem trank er Rum und Wein. Drei leere Weinkrüge lagen in dem Brunnen, jeder davon enthielt einst stolze 35 Liter.

Bier zum Vergessen, Morphium gegen den Schmerz

Manchmal gab es auch Bier. Eine dunkelbraune Flasche zeigt noch den Prägstempel der Brauerei: The Kauri Brewery, Ltd., Woodville, Neuseeland. Auch die Gebrauchsgegenstände des Malers wollte nach dem Tod Gauguins keiner haben. Teller und Pfannen wanderten in den Brunnen ebenso wie ein alter Kamm und eine wohl selbst gefertigte Zahnbürste. „Gauguins Geschirr kam aus Frankreich", bestimmt Boyle-Turner die Herkunft der Teller. „Auf Hiva Oa gab es nichts, womit er sein Haus hätte einrichten können, also brachte Gauguin alles aus seinem alten Leben mit."

Besonders hat es der Kunsthistorikerin ein kleines Schüsselchen angetan. Es ist ein Stück Keramik aus der Bretagne, aus dem Dorf Pont-Aven, wo die Schule Boyle-Turners ihren Campus hat. Auch Gauguin lebte und arbeitete 1886 drei Monate lang in Pont-Aven. Die Schüssel ist handbemalt mit dem typischen Dekor der Gegend. „Dieses Schälchen hat Gauguin fast zwei Jahrzehnte lang in seinem Besitz gehabt. Er muss es so sehr gemocht haben, dass er es den ganzen langen Weg bis nach Atouna immer bei sich trug."

Unter den Funden ist auch der Inhalt von Gauguins Medizinschrank. Und der war nicht immer ganz so harmlos wie die kleine Dose Tigerbalsam. Spritzen lagen dort und kleine Fläschchen, die einst mit Morphium gefüllt waren. Der Maler litt – und starb – an

Syphilis. Die letzten Monate seines Lebens lag er fiebernd in seinem Maison du Jouir, bevor er am 8. Mai 1903 im Alter von 54 Jahren starb. Doch neben dem Schmerzkiller Morphium fand sich in dem Brunnen auch eine Flasche mit einer homöopathischen Medizin. „Gauguin war zuletzt so verzweifelt, dass er jegliche Arznei ausprobierte", erklärt Boyle-Turner das breite Spektrum der Medikamente.

Der Duft der Vergangenheit

Schmerzen werden ihm auch seine Zähne verursacht haben. Vier davon bargen die Archäologen, völlig vom Karies zerfressen. Die Wahrscheinlichkeit, dass es sich tatsächlich um die Beißer Gauguins handelt, ist hoch. Die Einwohner der Marquesas-Inseln aßen keinen Zucker, ihre Zähne waren im Alter zwar abgenutzt, aber nicht kariös.

In diesen letzten Lebensmonaten wird Gauguin wohl keinen Gebrauch mehr von den Parfumflaschen gemacht haben. „Düfte dienten auf den Marquesas dazu, sich die Gunst von Frauen zu sichern", erklärt Boyle-Turner ihren ursprünglichen Verwendungszweck. Der Maler hat die Flaschen trotzdem bis zu seinem Tod behalten. Auch sie brachte er aus der Heimat mit, „France" ist auf ihnen noch zu lesen.

Und was gab es im Maison du Jouir zu essen? Statt der Reste üppiger Mahlzeiten lag im Brunnen nur ein leeres Glas Bovril. Aus der Paste aus Rinderextrakten wird in Großbritannien heute noch eine salzige Brühe zubereitet, die sich besonders in Fußballstadien großer Beliebtheit erfreut. Manchmal dient Bovril auch als Brotaufstrich.

Für die Kunsthistorikerin besonders interessant sind natürlich die Farbreste, die zwischen dem Müll ans Tageslicht kamen. Pasten von Ocker und orangefarbenen Mineralien rochen sogar noch nach Leinöl. Die Mischung lässt darauf schließen, dass Gauguin seine Farben selbst mischte. Eine Kokosnussschale diente ihm als Palette, in ihr klebten noch Pigmentreste.

Fundstücke unterm Sofa

Warum nur landeten die Gegenstände aus Gauguins Haushalt ausgerechnet in seinem Brunnen? „Die Einheimischen schöpften ihr Wasser aus Quellen. Brunnen gab es nur zwei in Atouna, den der katholischen Kirche und den von Gauguin", erklärt Boyle-Turner. „Als Gauguin nicht mehr lebte, gab es auch keine Verwendung mehr für das Loch im Boden. Also warf man beim Aufräumen alles rein, was sich aus dem Nachlass des Malers nicht verkaufen ließ."

Erst der jetzige Bürgermeister des Dorfes interessierte sich wieder für die Wasserstelle. Als er das Maison du Jouir nachbaute und schließlich das Kulturzentrum errichtete, ließ er auch nach dem Brunnen suchen, von dessen einstiger Existenz man im Dorf noch Geschichten erzählte, und ihn ausgraben. „Die Grabung war sehr sorgfältig durchgeführt", berichtet Boyle-Turner, „aber dann wusste niemand, was man mit den Funden anfangen sollte." Als die Professorin zu einem Besuch auf die Insel kam, lagen die Fundstücke sorgsam in Zeitungspapier gewickelt unter einem Sofa verstaut. Schließlich bat man sie darum, sich der Stücke anzunehmen.

Nach der monatelangen Beschäftigung mit Flaschen und Zahnbürsten, mit Zähnen und Rinderkraftbrühe, will sich Caroline Boyle-Turner nun endlich wieder der Kunst widmen. „Ich möchte mir im nächsten Schritt noch einmal genau die Bilder aus der letzten Lebensphase Gauguins anschauen", erzählt sie von ihren Plänen, „und in den Bildern nach Spuren der Geschichten suchen, die diese Funde aus dem Brunnen erzählen." ■

Geheimnisvolle Festung am Rande der Wüste

Archäologen haben am Rande des Gazastreifens ein mysteriöses Gebäude entdeckt – eine stark befestigte Anlage mitten im Nichts. Die Lösung des Rätsels dürfte auf sich warten lassen: Politische Wirren und misstrauische Beduinen behindern die Ausgrabung.

Beer Sheva – Die Feinde kamen sehr schnell. Zwar hatten sich die Ägypter in der Vergangenheit sicher gefühlt in den dicken Mauern ihrer befestigten Residenz – aber diesmal würden die Verteidigungsanlagen dem Angriff nicht standhalten. Hastig rannten die Menschen aus ihren Quartieren. Die Frauen ließen die Töpfe auf den Kochstellen stehen, nicht einmal ihren Schmuck konnten sie mehr zusammensuchen.

Das ist alles, was über die Ereignisse am Ende der Bronzezeit in der Siedlung mit dem heutigen Namen Kubur al-Waleida bekannt ist. Wer den Ort am Übergang vom fruchtbaren Küstenstreifen Israels zur Wüste Negev überfallen hat, ist unklar. Die Eroberer haben keine Hinweise auf ihre Identität in den Mauern von Kubur al-Waleida hinterlassen – keine Waffen, keine Keramik, nicht einmal Brandspuren deuten auf eine Verwüstung der Gebäude hin, auch für eine Siegesfeier gibt es kein Anzeichen. Die Angreifer interessierten sich weder für die monumentale Architektur der Anlage, noch übernahmen sie die Felder und Äcker der Vertriebenen. Anscheinend zogen sie ebenso schnell wieder fort, wie sie gekommen waren. Für drei Generationen fegte fortan nur der Wind durch die Gemäuer.

„Wir waren ziemlich überrascht, als wir das alles fanden", sagt Gunnar Lehmann von der Ben Gurion University in Beer Sheva. Denn der Archäologe war eigentlich ausgezogen, ein Philisterdorf aus der Eisenzeit zu finden. Bei ersten Feldbegehungen am östlichen Ufer des Flusses Nahal Besor steckte Lehmann das Terrain ab: etwa vier Hektar, ein Dorf mittlerer Größe. Als die Arbeiten

Luftbild der Ausgrabungen in Kubur al-Waleida, Israel.

Studenten aus Israel, Deutschland und Kanada ruhen sich neben den Ausgrabungsquadraten aus.

begannen, sah das Dorf der Philister zunächst aus wie ein Fund aus dem Lehrbuch: Ölpressen, Webstühle, ein Ofen, Abfallgruben, und alles voll von Keramik aus der frühen Eisenzeit, dem späten 12. und 11. Jahrhundert vor Christus. Alles gut zu datieren und gut zu bestimmen. Eine kleinere Siedlung existierte noch bis ins 7. Jahrhundert.

In der einen Hand die Bibel, in der anderen einen Spaten

Unter den dünnen Mauern der Hütten lagen noch weitere Schichten. Die Ausgräber stießen auf gewaltige, teilweise über zwei Meter dicke Wälle. Die Scherben und Amulette zwischen den Steinen ließen keinen Zweifel daran, wer die Anlage bewohnt hatte: Ägypter. Ein befestigter ägyptischer Residenzbau – am Rande der Negev, im freien Feld.

„Über die Funktion des Gebäudes wissen wir wenig", sagt Lehmann. „Wir haben jede Menge Wein- und Ölkrüge gefunden. Das lässt darauf schließen, dass hier eine Art Verwaltung für die landwirtschaftliche Nutzung eines großen Gebietes saß." Vielleicht war der Bau sogar eine staatliche Anlage. Doch gegen welche Angreifer mussten sich die Verwalter mit den dicken Mauern verteidigen? Warum zogen sie einen repräsentativen Bau ausgerechnet dort hoch, wo es niemanden gab, der ihn bewundern konnte?

Sicher ist: Die Siedler von Kubur al-Waleida waren nicht die Einzigen, die am Ende der Bronzezeit ihre Habseligkeiten packten. Nach 400 Jahren Siedlungszeit zogen sich die Ägypter aus dem Gebiet des heutigen Israels zurück. Warum, weiß man nicht. In Kubur al-Waleida lagen die Ruinen für etwa 60 bis 80 Jahre brach – ehe die Philister kamen und ihr neues Dorf auf die letzten dicken Mauern bauten, die noch standen.

Weder die Funde noch Schilderungen des Lebens in der Bibel konnten bisher eine Antwort auf die Fragen von Kubur al-Waleida geben. Dabei waren neben Archäologen auch Theologen an der Ausgrabung beteiligt. „Hier in Israel ist es üblich, dass Theologen und Archäologen eng zusammenarbeiten", erklärt Lehmann. „Die einen kommen mit der Bibel in der Hand, die anderen bringen den Spaten."

Beduinen bangten um ihre Gräber

Dass die Ausgrabung in unmittelbarer Nachbarschaft des Krisengebiets Gaza stattfindet, wurde für die kanadischen Wissenschaftler zum Problem. Die Versicherungen weigerten sich, die Archäologen für Ausgrabungen in Krisengebieten zu versichern. So durften die Kanadier zwar als Privatleute auf der Grabung erscheinen, nicht jedoch als Angehörige der Universität. Dabei ist das Leben und Arbeiten in Kubur al-Waleida tatsächlich eher beschaulich.

„Zwischen der Grabung und dem Gazastreifen liegen zwölf Kilometer", erklärt Lehmann. „Das ist sehr weit weg." Man gewöhne sich an die ständige Bedrohung und stumpfe ab. „Natürlich liegen wir in der Reichweite der Raketen. Aber warum um alles in der Welt sollten sie die auf einen Haufen Archäologen in der Wüste richten? Wir sind halt einfach kein attraktives Ziel."

Die Einzigen, die die Archäologen als Bedrohung empfanden, waren die Beduinen vom Stamm der Bani Walaydah. Nach einem ihrer Gräberfelder ist der Ort Kubur al-Waleida benannt. „Eines Tages stand hier plötzlich eine Abordnung der Bani Walaydah auf der Grabung – im vollen Ornat", erzählt Lehmann, die Männer bangten um die Gräber ihrer Vorfahren. Doch die Archäologen konnten die Beduinen beruhigen.

Ursprünglich hätten auch palästinensische Kollegen mit von der Partie sein sollen. Doch am selben Tag, als die Archäologen ihr Projekt besprachen – am 28. September 2000 – begann in Jerusalem die zweite Intifada. Die politischen Ereignisse setzten der Zusammenarbeit erst einmal ein Ende. Die palästinensische Regierung sieht es nicht gerne, wenn ihre Archäologen Seite an Seite mit israelischen Kollegen im Sand graben. Jede Scherbe, jede Mauer könnte von den Israelis genutzt werden, um einen historischen Anspruch auf das Land zu rechtfertigen. „Das", sagt Lehmann, „ist in etwa so, als würden wir in Deutschland Herrmann den Cherusker für politische Argumentationen heranziehen." ■

Am Ende aßen sie Schlittenhunde

Eine Portion Seehund ist noch da, die letzten Flaschen Whiskey stehen im Regal einer Hütte: An einem der windigsten Orte der Antarktis folgen Archäologen den Spuren des Polarforschers Douglas Mawson. Die faszinierende Geschichte einer Heldensuche im ewigen Eis.

Wenn man eintritt, überwältigt einen der Geruch von Waltran, so berichten es Zeugen. Hier riecht nichts wie bei anderen archäologischen Ausgrabungen – kein Moder, kein trockener Staub. Nur Wal. 1913 ließen Douglas Mawson und seine Männer den Fischtran in der Holzhütte am Cape Denison in der Antarktis zurück. Nach zwei Wintern im Eis stiegen sie am 24. Dezember an Bord der Aurora und kehrten nach Hause zurück. Seitdem hat sich der Geruch in die Holzwände gesogen und zwischen die Seiten der Papierstapel gefressen. Erstaunlich, denn Geruch ist – archäologisch betrachtet – das Erste, was vergeht.

Übrig geblieben: 1913 verließen Douglas Mawson und seine Männer die Holzhütte am Cape Denison in der Antarktis. Heute sind dort vor allem Archäologen und Pinguine zugange.

In den Hütten des Polarforschers Mawson unterscheidet sich vieles von anderen Ausgrabungsstätten. Allem voran das Terrain: Vier Kubikmeter Eis haben die Archäologin Anne McConnell und das Team der Mawson's Huts Foundation aus der Wohnhütte gekratzt. Das Eis ist alt. Es war einmal Schnee, der durch Ritzen und Löcher in die Hütte wehte, im Sommer taute und im Winter wieder gefror – Jahr für Jahr. Mit jedem Auftauen und Gefrieren wich mehr Sauerstoff aus dem Eis, es wurde härter, zu „blauem Eis". Eine 15 bis 30 Zentimeter dicke Schicht davon überzog den gesamten Boden, bevor McConnell ihre Arbeit begann.

Jetzt ist der Boden der Wohnhütte eisfrei – die wichtigste Konservierungsmaßnahme ist abgeschlossen. Denn das Klima vor Ort, am westlichen Ende der Commonwealth Bay, ist so trocken, dass alles organische Material von ganz allein erhalten bleibt. Erst wenn Feuchtigkeit hinzukommt, beginnt der Verfall.

Douglas Mawson war kein Neuling im Eis, als er 1911 in die Antarktis aufbrach. Bereits von 1907 bis 1909 hatte er mit Ernest Shackleton den magnetischen Südpol gefunden und als erster Mensch den Mount Erebus bestiegen. Nach seiner Rückkehr versuchte ein anderer großer Polarforscher, Robert F. Scott, den jungen Geologen für einen ehrgeizigen Plan zu gewinnen: Er wollte als Erster den Südpol erreichen. Glücklicherweise lehnte Mawson ab. Scott kam zwar am Südpol an, aber einen Monat nach Roald Amundsen. Und nach Hause sollte er auch nie mehr zurückkehren: Der Forscher und sein Team erfroren auf dem Rückweg, wenige Kilometer von einem Lebensmitteldepot entfernt.

Mawsons eigene Expedition war weniger ambitioniert, aber weitaus besser geplant. Er wollte jenen Teil der Antarktis erforschen und kartografieren, der direkt südlich seiner Heimat Australien lag. Auftraggeber war der junge Staat, der erst wenige Jahre zuvor die Unabhängigkeit von Großbritannien errungen hatte, und nun darauf brannte, mit eigenen Leistungen am Zeitalter der Entdecker teilzuhaben. Am 2. Dezember 1911 verließ Mawsons Aurora unter viel Jubel den Hafen von Hobart.

Cape Denison ist einer der windigsten Orte der Welt

Wie man Eis und Schnee bezwingt, hatte Mawson von Shackleton gelernt. Auch viele Mitglieder seiner Crew kannten das ewige Eis von vorherigen Expeditionen. Bald war das Basiscamp am Cape Denison errichtet. Eine Wohnhütte für die 18 Expeditionsmitglieder und drei weitere Hütten für wissenschaftliche Arbeiten sollten Mannschaft und Messinstrumente während der kommenden Monate vor Wind und Eis schützen. Inzwischen ist fast ein Jahrhundert vergangen.

„Die Identifizierung der wissenschaftlichen Geräte ist eine unserer Hauptaufgaben", beschreibt David Jensen, Direktor der Mawson's Huts Foundation die Arbeit auf der Grabung. „Die liegen über das ganze Gelände verstreut. Die einzelnen Teile zu finden und herauszubekommen, wozu sie einst gehörten, ist gar nicht so einfach." Die Unordnung hat der Wind in das Lager gebracht. Neben der Feuchtigkeit durch tauendes Eis ist er der größte Faktor der Zerstörung. Zwei der drei Gebäude hat er trotz der soliden Bauweise so weit zermürbt, dass sie kaum noch zu retten sind.

Mit dieser Urgewalt hatte auch Mawson nicht gerechnet. Cape Denison ist einer der windigsten Orte der Welt. Hier treffen sich die Eiswinde aus dem Inneren des Kontinents zu einem letzten Sprint, bevor sie auf das offene Meer hinausjagen. Die durchschnittliche Windgeschwindigkeit über das ganze Jahr verteilt liegt bei 70 Kilometern pro Stunde, das entspricht Windstärke acht. Mawson selbst verzeichnete in seinen Unterlagen auch immer wieder tagelange Perioden, während derer die Winde ununterbrochen mit 160 Kilometern pro Stunde über das Eis jagten. Windstärke zwölf, die letzte Stufe auf der Beaufortskala, beginnt bei 118 Kilometern pro Stunde. Die schnellste Windböe, die Mawson messen konnte, fegte mit unglaublichen 320 Stundenkilometern über sein Camp hinweg.

Ein Tourist naschte den historischen Honig

Obwohl die Wetterbedingungen so extrem sind, darf David Jensen kaum einen Gegenstand aus den Hütten entfernen. „So verlangt es das australische Gesetz", erklärt er. Nur in Ausnahmefällen bekommt Jensen die Genehmigung, einen Teil für Restaurierungsarbeiten vorübergehend zu entfernen.

Jensens Traum ist es, ein kleines Museum zu bauen, in dem ausgewählte Stücke der Öffentlichkeit zugänglich gemacht werden. „Aber das Projekt liegt noch in weiter Ferne." Erstmal hat die Mawson's Huts Foundation ein kleines Behelfslabor errichtet, in dem die Wissenschaftler nun Gegenstände vor Ort restaurieren können.

Dass viele Touristen vorbeikommen, bleibt unwahrscheinlich. „Das Zeitfenster, in dem Cape Denison anschiffbar ist, öffnet sich nur für knappe drei Monate – zwischen Ende November und Anfang Februar", erklärt Jensen. Einige Reedereien laufen Cape Denison trotzdem mit ihren Kreuzfahrtschiffen an. Aber es besteht

Haltbar im Eis: Vor fast hundert Jahren hinterließen die Polarforscher ihre Proviantreste. Einige der Lebensmittel dürften immer noch genießbar sein. Mehl, Senf und Honig wurden in der Kälte hervorragend konserviert.

immer die Gefahr, dass selbst während des kurzen antarktischen Sommers ein schwerer Blizzard tobt und die Gäste das Schiff gar nicht verlassen können.

Ganz anders sieht es ein Stück weiter östlich auf Ross Island aus, wo einst Scott und auch Shackleton ihre Hütten erbauten. Beide Stätten werden von Neuseeland aus verwaltet und betreut. Hier ist das Wetter freundlicher, das ganze Jahr hindurch können Schiffe anlegen und Touristen zu den Zeugnissen der großen Polarexpeditionen bringen. „Die Hütten von Scott und Shackleton funktionieren fast wie ein richtiges Museum", sagt Jensen, und in seiner Stimme schwingt ein kleines bisschen Verachtung mit.

Die Popularität geht auf Kosten der Authentizität. Während in Mawsons Hütten alles noch weitestgehend so da liegt, wie der Forscher und sein Team es 1913 verlassen haben, kann man sich bei einem Besuch in den Quartieren der beiden anderen Polarforscher nie sicher sein. Ist das wirklich die Originaldose, aus der Shackleton seine Kekse nahm? Ließ tatsächlich der Ornithologe Edward Wilson jenen präparierten Pinguin auf Scotts Tisch liegen? Oder wurde der ursprüngliche Vogel längst entsorgt und durch ein „schöneres" Tier ersetzt? Zugegeben, in Mawsons Hütte wurde auch einiges ersetzt, aber mit äußerster Vorsicht, wie Jensen beteuert.

Die Lebensmittel in Mawsons Quartier sind jedenfalls noch jene, die das Team im Dezember 1913 in der Hütte zurückließ. Eine ordentliche Portion Seehund liegt da, ein paar verschrumpelte Kartoffeln, und sogar die letzten Flaschen Whiskey stehen noch im Regal. „Die haben nur ein klein wenig Rost angesetzt, sind aber sonst heil", sagt Jensen. Einige der Lebensmittel dürften immer noch genießbar sein. Das Mehl, der Senf oder der Honig wurden in der Kälte hervorragend konserviert. Irgendwann in den vergangenen Jahren muss ein Tourist das auf die Probe gestellt haben. „Plötzlich war da ein Fingerabdruck im Honigtopf, der definitiv noch nicht drin gewesen war, als wir 1997 unsere Arbeit aufnahmen", beschwert sich Jensen.

Ein ganz besonderes Zeugnis der fast unmenschlichen Leistung, die Mawson und sein Team erbracht haben: das Skelett eines Grönlandhundes. Die zähe Rasse ist eine Züchtung der Inuit. Die Tiere können nicht nur schwere Schlitten über weite Strecken durch unwegsames Gelände ziehen, ihr Fleisch dient auch traditionell in Notzeiten als Nahrung. Es waren diese Hunde, denen Mawson sein Leben verdankte. Bei einer Kartierungsexpedition stürzte der Hundeführer Belgrave Edward Sutton Ninnis mit dem Proviantschlitten und sechs Hunden in eine Gletscherspalte. Einen winselnden Hund konnten Mawson und ein Teamkollege noch retten. Ninnis und den Schlitten hatte der Gletscher verschluckt.

Rettung aus Aladins Höhle

Die beiden Männer machten sich ohne Proviant mit dem zweiten Schlitten auf den Rückweg. Als einer der verbliebenen Hunde am nächsten Tag vor Erschöpfung zusammenbrach, teilten sich die Männer und die fünf anderen Hunde das Fleisch. So ging es weiter, Hund für Hund, bis Mawsons Kollege ins Delirium fiel und starb. Lange glaubte man, sein Tod sei die Folge einer Vitamin-A-Vergiftung, die er sich beim Verzehr der Hundeleber zuzog.

Erst kürzlich machte Denise Carrington-Smith im Medical Journal of Australia plausibel, dass der Körper des radikalen Vegetariers die Umstellung auf eine Fleischdiät nicht verkraftet hatte. Am Ende war kein Hund mehr übrig, und Mawson zog den Schlitten allein. Ein Lebensmitteldepot, das Mawson und Ninnis im vorherigen August angelegt und „Aladins Höhle" getauft hatten, rettete ihm das Leben. Eine Woche später hatte er es geschafft. Mawson erreichte seine Hütte. Das Skelett des Hundes fand ein Expeditionsteam 1998 in den Weiten des Polarplateaus.

Und es gibt noch vieles zu finden. Zum Beispiel das Flugzeug, das Mawson mit in die Antarktis geschleppt hatte. Fliegen konnte es zwar schon seit einem Unfall bei einer Fundraising-Veranstaltung in Adelaide nicht mehr. Aber Mawson hoffte, es umgebaut zum Motorschlitten für den Transport größerer Lasten nutzen zu können. Leider ließ sich sein Plan nicht umsetzen. Bis in die Siebzigerjahre war der Flugzeugkörper noch sichtbar, heute ist er nicht mehr auszumachen. „Das Metall erwärmt sich, wenn im Sommer die Sonne darauf scheint", erklärt Jensen das Verschwinden. „Dadurch schmilzt das umliegende Eis und das Flugzeug sinkt Stück für Stück tiefer." Das Flugzeug zu finden, ist David Jensens Projekt für den kommenden Sommer. ■

Wrack der Moonlight im Lake Superior entdeckt

Taucher haben in den USA das Wrack der legendären „Moonlight" gefunden. Im kalten und sauerstoffarmen Wasser des Lake Superior hat der Rekordsegler fast unbeschadet ein Jahrhundert überdauert. Im Bauch des Schoners finden sich noch Becher und Teller der letzten Mahlzeit.

Normale Museen geben einen Haufen Geld für teure Technik aus. Die Temperatur um die Ausstellungsstücke muss konstant gehalten werden, ebenso die Luftfeuchtigkeit. Und auch gute Sicherheitstechnik ist nicht billig. Das alles bekommt das wohl größte Museum der Welt gratis. Die Temperatur liegt stets knapp über dem Gefrierpunkt, konstant feucht ist es auch. Statt Panzerglas schützen bis zu 100 Meter Wasser die Ausstellungsstücke. Und von denen hat das Museum reichlich: Die Rede ist von den Großen Seen im Grenzgebiet zwischen den USA und Kanada. „Rund 3000 Wracks großer Schiffe liegen auf ihrem Grund", sagt Ken Merryman von der Great Lakes Shipwreck Preservation Society. „Wenn man alle kleinen Boote mitzählt, sind es sogar an die 10 000."

Seit 1988 stehen die Wracks unter dem Schutz des „Abandoned Shipwreck Act". Sie gehören dem jeweiligen Staat, in dessen Gewässern sie liegen. Nach und nach kommen nun die gesunkenen Schiffe auf die Liste des National Register of Historic Places. Sie werden so zu offiziellen Ausflugszielen – wie auf dem Festland das

Schlachtfeld von Little Big Horn oder die Freiheitsstatue in New York.

Der US-Staat Wisconsin zum Beispiel, im Osten begrenzt durch den Lake Michigan und im Norden vom Lake Superior, nennt 32 Wracks sein Eigen. Und es sollen noch mehr werden, denn der nächste Anwärter steht schon fest. Es ist es ein ganz besonderes Schiff: der berühmte Schoner „Moonlight", gesunken in einem Sturm am 13. September 1903 vor Michigan Island im Lake Superior.

Als sie 1874 gebaut wurde, galt die „Moonlight" als elegantester und schnellster Schoner der Großen Seen. Ihr erster Kapitän war der erst 25 Jahre alte Ire Denis Sullivan. Bald schon hatte Sullivan seinen Ruf auf den Großen Seen. Er zeige gern viel Segel, hieß es. Damit verlieh er der „Moonlight" Flügel. 1876 stellte sie einen Rekord auf, der bis heute ungebrochen ist: 21 Mal schaffte sie in jenem Jahr die knapp 1300 Kilometer lange Rundreise zwischen Milwaukee am Lake Michigan und Buffalo am Eriesee kurz vor den Niagarafällen. Nach ihr hat das nie wieder ein Segelschiff geschafft.

Das berühmte Rennen mit der „Porter"

Natürlich gab es noch andere schnelle Schiffe auf den Großen Seen. Eines davon war die „Porter". Im Sommer 1880 forderte Sullivan deren Kapitän Orville Green für die Rückfahrt von Buffalo nach Milwaukee zu einem Rennen heraus. Die ersten Tage lagen beide Schoner Bug an Bug. Durch Lake Huron hindurch ließ kein Schiff dem anderen den Vortritt. Als sie die Enge von Mackinac passierten, kam ein Sommersturm auf. Er nahm an Stärke zu, je weiter die Schiffe an der Westküste des Lake Michigan hinuntersegelten.

Am Ufer hatten sich trotz des Unwetters die Schaulustigen versammelt. Viele hatten ihren Lohn auf die „Moonlight" oder die „Porter" gesetzt und wollten ihr Schiff siegen sehen. Sie kamen auf ihre Kosten: Beide Schoner hatten jeden Fetzen Segel gesetzt. Kurz vor Milwaukee wurde es Sullivan unheimlich. Er gab den Befehl, die Segel zu streichen. Hinter den Klippen von Port Washington suchte die „Moonlight" Schutz vor dem Sturm. Kapitän Green aber jagte die „Porter" weiter. Wenige Meilen vor der Hafeneinfahrt von Milwaukee krängte das Schiff zu weit, drei Masten brachen, es verlor alle Segel und war hilflos den Wellen ausgeliefert. In den Hafen schaffte es die „Porter" nicht mehr aus eigener Kraft, die Schlepper mussten sie holen. Noch heute wird an den großen Seen ein Shanty gesungen, der an das Rennen der beiden Schoner erinnert. „Hooray for a race down the Lakes", heißt es im Refrain von „The Crack Schooner ‚Moonlight'".

Das Ende der Großsegler

Doch die Tage der Großsegler auf den Großen Seen waren gezählt. Der Getreidehandel verlief immer schleppender. Stattdessen galt es nun, immer größere Mengen Eisenerz über das Wasser zu schaffen. Plumpe Dampfschiffe verdrängten die eleganten Segler, und die „Moonlight" war alt geworden. 1885 verließ Kapitän Sullivan das Schiff, das ihn berühmt gemacht hatte, und kommandierte fortan den Dampfer „Veronica". Vier Jahre später ereilte die „Moonlight" das Schicksal der meisten Segler auf den Großen Seen: Ihr Toppmast wurde gekappt, und fortan musste sie im Schlepptau der Dampfer Eisenerz transportieren.

1903 war das Schiff kaum wiederzuerkennen. Aus dem stolzen Schoner war ein alter Lastkahn geworden. Was ihren letzten Besitzer, Joseph C. Gilchrist, allerdings nicht davon abhielt, sie hoch zu versichern. Böse Zungen behaupten, es sei kein Zufall gewesen, dass im Sommer 1903 sieben seiner Schiffe sanken – sieben der gut versicherten, wohlgemerkt.

Am 13. September geriet die „Moonlight" mit ihrem Zugboot, dem Dampfer „Volunteer", vor Michigan Island in einen schweren Sturm und schlug Leck. Die Pumpen arbeiteten nicht schnell genug, sie wurden des eindringenden Wassers nicht Herr. Die „Volunteer" drehte bei, und die Mannschaft der „Moonlight" konnte sich auf den Dampfer retten. Die letzten sprangen hinüber, als die Wellen schon über das Deck schlugen.

105 Jahre aufrecht auf dem Seegrund

Seit fast 105 Jahren liegt sie nun dort unten, immer noch aufrecht, auf einem Bett aus Eisenerz, ihrer letzten Ladung. „Ihr Bauch ist aufgesprungen wie bei einem ausgenommenen Fisch", sagt Tamara Thompson von der Wisconsin Historical Society. „Aber sonst ist sie intakt." Das Steuerrad mit seinen hölzernen Handgriffen, die Backbord- und Steuerbordlampen sowie der Anker sind noch an Ort und Stelle. Thompson ist selbst die 73 Meter zur „Moonlight" hinuntergetaucht: „Da liegt alles unberührt, Becher, Teller und Löffel."

Die Taucher in den Großen Seen, sagt Thompson, hätten großen Respekt vor den Wracks und würden nur selten etwas mitnehmen. Das bestätigt Ken Merryman, der 2004 als einer der Ersten zur „Moonlight" tauchte. „Mir war gar nicht klar, dass wir hier in den Großen Seen so gut erhaltene Wracks haben, bis ich mal in anderen Gewässern getaucht bin und gesehen habe, was die Plünderer übrig lassen." Kein Wunder, denn das Tauchen in den Großen Seen verlangt Leidensfähigkeit. Das Wasser ist eisig

Wrack der „Moonlight": Im kalten und sauerstoffarmen Wasser des Lake Superior blieb der Rumpf des Schiffs bestens erhalten.

kalt, und die Wracks liegen meist sehr tief. Hobbytaucher verirren sich kaum hierher.

Merryman hat sein ganzes Leben auf und in den Großen Seen verbracht. Er betreibt eine Chartergesellschaft für Taucher, die Wracks sind seine Lebensgrundlage. Bei Merryman kann man denn auch ganz besondere Touren buchen. Gegen eine Spende an die Great Lakes Shipwreck Preservation Society nimmt er Taucher sogar zu gerade erst entdeckten Wracks mit. Welcher Taucher möchte nicht einmal als Erster an einem Schiff sein, das seit hundert Jahren ungestört auf dem Seegrund liegt?

Statt Andenken zu sammeln, helfen die Taucher Merryman bei der Arbeit: vermessen, kartieren, beschreiben. So bereiten sie – wie auch im Fall der „Moonlight" – das Schiff für die Aufnahme in das National Register of Historic Places vor. Das ist besser als Plündern. „Die wissenschaftliche Arbeit", sagt Merryman, „ist für die meisten das größte Abenteuer." ◼

NICHTS FÜR SCHWACHE NERVEN

Forensiker sind eine seltsame Spezies Mensch. Kein anderer Berufsstand ist derzeit bei TV-Zuschauern so beliebt wie ihrer. Dabei ist ihr Job der wohl unangenehmste der Welt: Sie prökeln tief in den Abgründen menschlichen Leidens. Dieses Kapitel sollte nur lesen, wer einen stabilen Magen hat.

Kopf ab, Knochen gebrochen, Nagel im Schädel

In manchem deutschen Garten liegen steinalte Leichen, unentdeckt und übel zugerichtet: Unter der Grasnarbe verbergen sich Galgenhügel und Henkersplätze aus dem Mittelalter. Bisher wurden sie oft nur durch Zufall entdeckt – doch jetzt machen sich Archäologen auf die Suche.

Kurt Bachmann und sein Sohn Uwe haben kaum zu graben begonnen, da stoßen sie auf etwas Hartes. Sie stutzen. Sie graben weiter – und staunen: Menschliche Knochen liegen dicht unter der Grasnarbe ihres Grundstücks in Hessisch-Lichtenau, auf dem sie gerade das Fundament für ihr neues Gartenhaus legen wollten. Es ist ein menschliches Skelett – der Länge nach ausgestreckt, die Arme ordentlich über dem Bauch verschränkt. Am merkwürdigsten daran: Der Kopf sitzt nicht mehr auf dem Hals – sondern ruht zwischen den Knien.

Die Familie ruft den örtlichen Geschichtsverein. Eine archäologische Arbeitsgruppe hilft bei der fachmännischen Bergung der Knochen, zumindest bis die Blockhütte kommt, für die das Fundament an der Begräbnisstätte des Toten gedacht war. Die Füße können die Ausgräber nicht mehr rechtzeitig herausholen. Sie bleiben unter dem Boden der Hütte liegen.

Jede Stadt richtete Verbrecher

Schnell wird klar, was Kurt und Uwe Bachmann in ihrem Garten gefunden haben. Ihre Wohngegend ist als „Galgenberg" und „Galgenhügel" bekannt. Der deplatzierte Kopf ist der letzte Beweis: Der Mensch aus dem Garten ist höchstwahrscheinlich durch das Schwert gestorben. Eine C14-Datierung ergab, dass ihn der Tod irgendwann zwischen 1256 und 1388 ereilte. Das Grundstück der Bachmanns liegt offenbar auf einem ehemaligen Richtplatz.

Archäologe Jost Auler, der in Deutschland den neuen Zweig der Richtstättenarchäologie begründet hat, hält den Fall der Familie für exemplarisch. „Die Galgen und Richtplätze des Mittelalters und der frühen Neuzeit sind heute längst vergessen und von dichter Wohnbebauung überwuchert", sagt er. Der Experte will das ändern. „Mit Hinrichtungsorten hat sich bislang noch nie jemand systematisch auseinandergesetzt. Sie lagen immer außerhalb der Ortschaften auf dem freien Feld – und gehörten damit einfach nicht zum Repertoire der Stadtarchäologen."

Erst etwa 50 Richtstätten in Deutschland sind wissenschaftlich untersucht – ein Bruchteil, wenn man bedenkt, dass früher jede Stadt, jede Ortschaft auf ihrem eigenen Exekutionsplatz Schwerverbrecher strafte. In den meisten Fällen gab es nicht nur einen, sondern sogar zwei Plätze für die Blutgerichtsbarkeit. Am ersten stand der Galgen – am zweiten der Stein, auf dem der Scharfrichter Todgeweihten den Kopf mit Beil oder Schwert abschlug. „Rabensteine" nannten die Leute diese Podeste wegen der schwarzen Aasfresser, die über dem Platz kreisten und darauf warteten, dass die Menge der Schaulustigen sich verzog und sie sich zum Festmahl niederlassen konnten. Zum Köpfen brauchte es nicht mehr als eine erhöhte Fläche – für die Galgen dagegen waren oft riesige, bis zu vier Meter hohe Repräsentationsbauten nötig. Denn zum einen blieben viele Gehenkte nach der Hinrichtung noch so lange hängen, bis durch Verwesung und Schwerkraft einzelne Leichenteile zu Boden fielen – die Aufhängevorrichtung musste also Platz für eine stattliche Anzahl von Körpern bieten. Zum anderen waren die Richtstätten ein weithin sichtbares Symbol für die Strenge, mit der die jeweilige Stadt gegen Verbrecher vorging.

Die Galgenstätten lagen meist an den großen Einfahrtsstraßen. Wer sich als Fremder einem Herrschaftsgebiet näherte, musste auf seinem Weg erst einmal die Hinrichtungsstätte passieren. Eine deutliche Warnung, sich anständig zu benehmen.

Solchen und vielen anderen Fakten spüren Archäologe Auler und seine Kollegen nun nach. Sie sind inzwischen imstande, die imposanten Galgen zu rekonstruieren – und den Arbeitsalltag eines Scharfrichters nachzuvollziehen. Dazu gehörte neben dem Töten, die Leichen möglichst abschreckend herzurichten und auszustellen. Ein Fund aus dem rheinischen Langenfeld macht klar, dass das Umfeld der Richtstätten grausig gestaltet war. Bei Baggerarbeiten kam der Schädel einer jungen Frau zutage, an dem noch Reste einer Kappe mit kostbarer Brokat-Borte hingen. Längs durch den Schädel steckte ein Eisennagel von fast einem halben Meter Länge. Mit ihm hatte der Scharfrichter den abgetrennten Kopf der feinen Dame auf einen Pfosten genagelt. Ähnlich sah auch der berühmte Schädel aus, der 1878 auf dem Grasbrook in Hamburg gefunden und oft dem Piraten Klaus Störtebeker oder seinem Kumpanen Gödeke Michels zugeschrieben wurde. Von den Pfosten, auf denen die Schädel prangten, haben die Jahrhunderte nur mehr dunkle Verfärbungen im Boden hinterlassen, sogenannte Pfostenlöcher.

Leichen möglichst grauenvoll hergerichtet

In ihnen könnte allerdings auch eine andere Art von Pfosten gesteckt haben – die gefürchteten „Räder". Auf ihnen endete, wer die
schlimmsten aller Verbrechen begangen hatte, Mord oder Königs-
verrat. Beim Rädern wurde der Verurteilte mit gestreckten Extremitäten auf dem Boden festgepflockt. Dann ließ man immer und
immer wieder ein eisenbeschlagenes Rad mit voller Wucht auf ihn
niederfahren. An einem Skelett aus der Friedlandburg bei Göttin-
gen kann man sehen, was diese brutale Prozedur mit dem Körper
anrichtete. Rippen sind zerschmettert, Unterschenkel und Unter-
arme gebrochen, der Schädel an der linken Schläfe zertrümmert.

Wer auf einen gnädigen Richter traf, durfte auf eine Räderung
„von oben" hoffen. Dabei zielten die ersten Schläge des Rades gegen Kopf oder Hals. Den Rest der Gewaltorgie bekam der Verurteilte dann nicht mehr mit. Es gab jedoch auch das Rädern „von
unten". Schlag für Schlag nahm sich der Scharfrichter die einzelnen Extremitäten vor. War der Körper zermalmt, wurde er durch
die Speichen des Rades geflochten und auf dem Richtplatz aufgestellt. Mitunter lebten die Verurteilten noch mehrere Stunden lang.
Die Körper waren dem Wetter, dem Tierfraß und der Verwesung
ausgeliefert. Als längste belegte Verweildauer auf dem Rad ist eine
Frist von drei Jahren bekannt.

Außer malträtierten Skelettresten und Pfostenlöchern finden
die Archäologen auf vielen Richtstätten Tierknochen. „Die Scharfrichter wurden von ihren Arbeitgebern in der Regel nicht besonders gut bezahlt", sagt Auler. „Deshalb bekamen sie meist von den
Städten noch zusätzlich das Wasenrecht, also die Erlaubnis zum
Entsorgen von Tierkadavern, verliehen." Nicht immer brachte der
Scharfrichter die toten Tiere auf den dafür vorgesehenen Schind-
anger. Oft endeten sie unter dem Galgen in denselben Gruben wie
die hingerichteten Menschen, zum Beispiel im schweizerischen
Emmenbrücke. Als die Archäologen dort gruben, fanden sie ein
dichtes Gewirr von Menschen- und Pferdeleibern, nur notdürftig
verscharrt – „verlocht" heißt das im Fachjargon.

Der Tote von Hessisch-Lichtenau hatte also noch Glück. Wenn auch mit dem Kopf zwischen den Beinen, durfte er jahrhundertelang doch ordentlich arrangiert in der Erde ruhen.

Was nun mit seinen Knochen geschehen soll, ist ungewiss. Kein Museum möchte sie haben. Und eine Wiederbestattung? Dürfte man die Gebeine eines mutmaßlichen Schwerverbrechers sieben Jahrhunderte nach seinem Tod letztendlich doch in geweihte Erde legen? Der Archäologe ist dagegen. „Die Knochen gehören ins Magazin der zuständigen Bodendenkmalpflege", sagt Auler. Nur so seien spätere Nachuntersuchungen möglich. Grundstücksbesitzer Uwe Bachmann verwahrt die Gebeine vorerst in einer Kiste und lässt die Füße wohl noch lange unter der Blockhütte ruhen. ∎

Fünf Tode für den Regengott mit dem langen Rüssel

Häuten, köpfen, die Opfer verbrennen oder das schlagende Herz aus dem Leib reißen: Die Maya waren bei ihren Opferungstechniken einfallsreich. Der Archäologe Guillermo de Anda kennt alle grausamen Rituale für den gefräßigen Regengott.

Das Opfer starb auf dem Altar. Wenn auch das letzte Zucken aufgehört hatte, hoben die Priester den leblosen Körper auf und schwangen ihn über die Kante der Plattform. Mit dumpfen Schlägen rollte der Tote die Treppen hinunter, die ganze Vorderfront der Pyramide hinab, bis er unten auf dem harten Boden aufklatschte. Dort nahmen ihn weitere Priester in Empfang und begannen sogleich mit der Arbeit. Mit sicheren Schnitten trennten sie die Haut vom Fleisch, nur Hände und Füße blieben unangetastet. Der Oberpriester, selbst nackt, streifte sich die neue Haut über und begann seinen Tanz. Nach und nach kamen alle anderen hinzu und tanzten mit ihm am Fuß der Pyramide durch den Staub, der rot war vom Blut.

So beschrieb Diego de Landa, Bischof von Yucatán, im 16. Jahrhundert eine religiöse Opferzeremonie der Maya. Über 400 Jahre später hat nun der Archäologe und Höhlentaucher Guillermo de Anda Alanis Knochen untersucht, die genau jene Schilderungen des Katholiken bestätigen. An den Schlüsselbeinen von mindestens drei Kinderskeletten stellte er feine Linien fest – genau solche, wie sie ein scharfes Messer hinterlässt, wenn man mit ihm die dünne Haut über dem Schlüsselbein auftrennt.

Die Knochen stammen aus den Ruinen der Maya-Stadt Chichén Itzá. Genauer gesagt aus dem Wasserloch, das der Stadt ihren Namen gab. Denn der besteht aus den Maya-Wörtern *chi* (Mund), *chén* (Brunnen oder Teich) und *itzá* (der Name, den die Maya sich selbst gaben): Mund des Brunnens der Itzá. Dieser Mund ist eine sogenannte Cenote, ein schachtartiges Loch über einer Kalksteinhöhle. Cenoten entstehen, wenn die Decke einer solchen Höhle einstürzt. Die füllt sich dann mit Regenwasser und dient der Süßwasserversorgung. In so flussarmen Gegenden wie der Halbinsel Yucatán waren die Cenoten überlebensnotwendig.

127 Skelette aus einer alten Sammlung in der Physical Anthropology Sektion des Anthropologischen Museums von Mexico-Stadt hat sich de Anda vorgenommen. Sie stammen noch von zwei Tauchgängen in die Cenoten aus den Jahren 1960 und 1967. „Etwa 80 Prozent davon waren Kinder im Alter von drei bis elf Jahren", erklärt der Forscher von der Autonomen Universität von Yucatán. Die Zahl scheint zunächst ein altes Vorurteil zu bestätigen: Die Maya hätten reich geschmückte Jungfrauen geopfert, indem sie die Mädchen lebendig in die Tiefe der Cenoten warfen. Doch tatsächlich räumen die Ergebnisse der neuen Untersuchung mit diesem Mythos auf. Das Geschlecht der Kinder ist zwar nur schwer festzustellen. „Aber von den zwanzig Prozent der Erwachsenen waren rund zwei Drittel Männer. Und die wenigen Frauen unter den Toten hatten zu Lebzeiten ein Alter von 20 bis 35 Jahren erreicht – was nach Maya-Standards bestimmt nicht mehr als zarte Jungfrau durchging. Das waren alte Frauen."

Blutende Geköpfte schmückten das Spielfeld

Aus den Schnitten und Splittern der Knochen liest de Anda die Riten ab, bei denen die Opfer ihr Leben ließen. An den Schädeln ist das besonders schwer. „Die sind mit einer dicken Lackschicht überzogen, mit denen man die Knochen konservieren wollte. Und darunter kann man jetzt kaum noch etwas erkennen." Trotzdem hat er an einigen der Kinderschädel immer wieder die gleichen Schnitte gefunden: über der Stirn, um die Warzenfortsätze der Schläfenbeine, um die Augenhöhlen und um die Ohren. Doch nicht immer waren die Werkzeuge so fein, dass sie nur dünne Linien hinterließen. Zwei Schädel erzählen von massiven Schlägen auf den Hinterkopf, und bei mindestens drei Kindern der Altersgruppe neun bis zwölf wurde der Unterkiefer gewaltsam vom Kopf entfernt. Bei einem weiteren Kind trennte ein axtartiger Gegenstand den Kopf vom Körper. Diese Praxis zeigen Abbildungen auf den Mauern des Ballspielplatzes von Chichén Itzá. Immer wieder schmücken dort Enthauptete die Spielfeldabgrenzung, aus deren Hals das Blut in Fontänen mit sieben Schlangenköpfen sprudelt. Sie galten bei den Maya als Symbol der Fruchtbarkeit. Wenn das Blut den Boden berührte, erwuchs daraus der Baum des Lebens, glaubten sie.

Der Ballspielplatz von Chichén Itzá war auch schon in der Vergangenheit weit über die Grenzen der Stadt hinaus berühmt – er ist der größte von mehr als 520 auf der gesamten Halbinsel Yucatán. Bei dem Spiel ging es darum, einen schweren Ball ohne Zuhilfenahme der Hände oder Füße durch einen Steinring zu bugsieren, der in 6,5 Metern Höhe an den Mauern des Platzes befestigt war. Wer verlor, wurde den Göttern geopfert. Die Wände des Platzes sind reich mit Darstellungen dieser Opferzeremonien geschmückt. Neben der Enthauptung zeigen sie noch einen weiteren beliebten Opferritus in Chichén Itzá: das Herausreißen des schlagenden Herzens. Jaguare und Adler halten auf den steinernen Mauern die Herzen derjenigen in ihren Klauen, die einst auf diesem Feld das Spiel um Leben und Tod verloren. Auch hiervon hat de Anda an den Knochen aus der Cenote Spuren gefunden. Zwei der Skelette zeigen die Einschnittstellen von tiefen, V-förmigen Hieben direkt unter dem Rippenbogen.

„Dann gibt es noch die Verletzungen an den Extremitäten", führt de Anda die Liste der Opferpraktiken fort. Die Arme der Kinder blieben zumeist heil, aber an den Beinen von mindestens acht Individuen in der Altersgruppe sechs bis zwölf fand der Archäologe Schnitte im Bereich der Kniescheibe. An den Schienbeinen setzen sich die Schnitte als Kratzspuren fort, dort schabte jemand das Fleisch der Beine von den Knochen. Ähnliche Kratzspuren fand de Anda an einem Schulterblatt, genau dort, wo die Rückenmuskulatur ansetzt.

Jede Opferungsart war einer bestimmten Gruppe vorbehalten

Einige der Kinderknochen wurden auch geröstet, besonders an Schädelfragmenten beobachtete de Anda öfter Brandspuren. „Sie sind sowohl innen als auch außen weißlich verfärbt, sodass sie wie Kalkstein aussehen. Und schwärzlich sind sie in den angrenzenden Bereichen, dort wo der Knochen porös ist", beschreibt er seine Funde. Auch einige Langknochen, Wirbel und Rippen scheinen für kurze oder längere Zeit den Flammen ausgesetzt gewesen zu sein. Die Knochen der Erwachsenen sind dagegen zumindest vom Feuer unversehrt. Doch nicht nur die Kinder waren besonderen Riten vorbehalten, auch die Knochen der Frauen erzählen eine eigene Geschichte. Sie sind die einzige Gruppe, an denen de Anda Spuren von Gewalt an den Armen fand. Drei rechte Oberarmknochen haben Kratzspuren, ebenso zwei rechte Speichen.

Den Knochen zufolge praktizierten die Maya von Chichén Itzá also eine ganze Reihe verschiedener Opferriten, bei denen die Opfer entweder gehäutet, geköpft, verbrannt oder doch in der Cenote ertränkt wurden oder ihnen das Fleisch von den Knochen geschabt oder das Herz aus dem Leib gerissen wurde. Dabei war jede Todesart einer bestimmten durch Alter und Geschlecht charakterisierten Gruppe vorbehalten. „In der Maya-Mythologie ging es aber vornehmlich um Männer", sagt de Anda, „deshalb macht es nur Sinn, wenn auch die Opfer in den meisten Fällen Männer waren und nicht, wie bislang geglaubt, Frauen." Zu diesem Trugschluss waren frühere Forscher gekommen, weil die Geopferten oft reich mit Jadeschmuck behängt waren. Die Möglichkeit, dass auch Männer Schmuck trugen, passte nicht in das Weltbild früherer Generationen von Akademikern.

Der Regengott Chaac hauste in der Tiefe

Empfänger der Opfer war der Regengott Chaac, der in der Tiefe des Wasserloches hauste. Chaac stellten sich die Maya als einen Gott mit menschenähnlichem Körper vor, dessen Haut allerdings mit Reptilien- oder Amphibienschuppen bedeckt war. Anstelle einer Nase baumelte ein langer Rüssel, aus dem Mund ragten die gekrümmten Fangzähne. „Die Maya glaubten, dass die Götter kleine Dinge mögen, und besonders der Regengott hat vier Helfer, die Bacabs, die als winzige Menschen dargestellt werden", erklärt de Anda die Leidenschaft des Chaac für Kinderopfer. Die Aufgabe der Bacabs besteht darin, auf Anweisung Chaacs den Regen über der Erde auszugießen. Noch heute feiern die modernen Maya eine Regenzeremonie, bei der vier Kinder die Bacabs spielen, die sich während der Feierlichkeiten in den vier Ecken des Festplatzes aufstellen müssen.

Die verbrannten Knochen erzählen hingegen von einem anderen Mythos der Maya. Das heilige Buch Popol Vuh kennt die Legende der Zwillinge Hunahpu und Xbalanque. Die müssen nach einer verlorenen Schlacht auf dem Scheiterhaufen sterben, und ihre brennenden Knochen werfen die Feinde auf dem Höhepunkt der Siegesfeier in den Fluss Xibalba. Als sie jedoch auf den Boden sinken, verwandeln die Knochen sich wieder in Hunahpu und Xbalanque. Im Wasser der Cenote von Chichén Itzá könnten die Maya die Legende mit lebendigen Opfern nachgespielt haben.

„Letztendlich wissen wir nicht genau, was wirklich geschah", räumt de Anda ein. „Schließlich stammt das in dieser Studie untersuchte Material nur aus einem bestimmten Quadranten des

Höhlenbodens und ist damit noch nicht einmal repräsentativ." Um nach Antworten zu suchen, taucht er weiter in den Cenoten der Halbinsel von Yucatán. Weit über 2500 dieser Wasserlöcher gibt es dort. „Und wir haben gerade einmal 25 davon wissenschaftlich untersucht", beschreibt er lachend die noch zu bewältigende Forschungsarbeit. So hofft er, nicht nur noch mehr Material zu bergen, sondern auch Fragen der Wasserversorgung klären zu können.

Eines der großen Rätsel bleibt zum Beispiel nach wie vor, warum die Maya ihr Trinkwasserreservoir mit Leichen kontaminierten. „Vielleicht wussten sie um die unterirdische Strömungsrichtung und entnahmen ihr Trinkwasser nur oberhalb der Opferplätze", mutmaßt de Anda. Damit er nicht alles allein machen muss, bildet der Unterwasserarchäologe seine Studenten im Höhlentauchen aus. De Andas Lehrstuhl ist der einzige weltweit mit diesem Schwerpunkt. Wer als Schüler zu ihm kommt, braucht also vor allem zwei Dinge: starke Nerven und einen langen Atem. ■

Archäologe in Aktion: Guillermo de Anda beim Abseilen in eine Cenote.

Die Menschenschlachter von Herxheim

Ein grausiger Fund gibt Archäologen Rätsel auf. In der Pfalz haben Forscher mehr als 500 Tote gefunden, denen vor 7000 Jahren das Fleisch wie bei Schlachtvieh von den Knochen geschabt wurde. Der Verdacht der Ausgräber: Die Menschen wurden verspeist – und sie haben sich offenbar freiwillig geopfert.

Wie zerlegt man ein Rind? Zunächst löst man das Fleisch von den Knochen. Dazu schneidet man mit einem scharfen Messer die Muskelansätze an den Gelenken los. Das faserige Fleisch lässt sich dann gut abschaben, von oben nach unten. Auch nach der Entfernung des Muskelfleisches ist noch viel Gutes übrig: Tief in den Langknochen und Rückenwirbeln sitzt das Mark. Um an die Köstlichkeit heranzukommen, zertrümmert man die Gebeine, schabt das Mark heraus oder kocht sie in Wasser aus. Übrig bleiben ein Haufen nackter Knochen mit Kratz- und Schabspuren sowie die kleinen Trümmer der markhaltigen Skelettteile.

Genau einen solchen Haufen – und zwar einen riesigen – fanden Archäologen bei der Ausgrabung einer kleinen steinzeitlichen Siedlung im pfälzischen Herxheim, nur dass es sich dabei nicht um Rinderknochen handelte. Stattdessen fanden die Forscher die sorgfältig abgeschabten Reste von rund 500 Menschen. Und dabei haben die Ausgräber noch nicht einmal die Hälfte der Stätte freigelegt. „Wir rechnen mit mehr als der doppelten Menge an Toten", sagt Projektleiterin Andrea Zeeb-Lanz von der Außenstelle Speyer der Generaldirektion Kulturelles Erbe Rheinland-Pfalz.

Das sind viele Tote für ein winziges Kaff wie jene Steinzeitsiedlung im heutigen Herxheim. Denn hier standen in der letzten Phase der bandkeramischen Kultur von 5000 bis 4950 vor Christus höchstens zehn Häuser. Die Toten, das haben die Ausgrabungen ergeben, waren keine Einheimischen. Sie kamen aus ganz Europa

– aus der Gegend des heutigen Paris, von der Mosel und sogar aus dem mehr als 400 Kilometer entfernten Elbetal. Das verraten die Keramikscherben, die zwischen ihren Rippen liegen. Es ist sogenannte Bandkeramik, die der gesamten Bevölkerungsgruppe ihren Namen gab: verziert mit bandförmigen Mustern, die bei der Herstellung in den noch feuchten Ton gedrückt wurden.

Leichen wurden fachmännisch zerlegt

Die Fremden brachten nur die allerfeinste Keramik aus der Heimat mit – in vielen Fällen schöner noch als jene, die sie den Toten zu Hause mit in die Gräber legten. Doch auch die Gefäße wurden zertrümmert und zwischen die Knochen gestreut, ebenso wie brandneue Mahlsteine und Steinklingen. Alles wurde zerhackt, zerbrochen, durchmischt und in Gruben geschüttet.

Der Anthropologe Bruno Boulestin hat die Knochenfragmente akribisch untersucht. Was er dabei allein an Überresten im Fundkomplex neun – einer knapp acht Meter langen Grube – fand, hat er gemeinsam mit Kollegen in der aktuellen Ausgabe des Fachblatts „Antiquity" veröffentlicht. Die Statistik liest sich beklemmend: 1906 Knochenstücke von mindestens zehn Individuen. Davon waren zwei Neu- oder Totgeborene, eines aus der 34. bis 36. Schwangerschaftswoche, zwei sechs- und 15-jährige Kinder sowie sechs Erwachsene, mindestens einer davon ein Mann.

Sie alle – Babys, Kinder, Erwachsene – wurden fachmännisch zerlegt, und zwar als die Knochen noch frisch waren, wie die Bruch- und vor allem die Schnittspuren zeigen. Für Boulestin liegt die Schlussfolgerung auf der Hand: Die menschlichen Knochen weisen dieselben Verletzungen auf wie die von Schlachtvieh – die Toten von Herxheim wurden fachmännisch als Speise zubereitet. Spuren an den Knochen lassen laut Boulestin auch vermuten, dass die Leichenteile am Spieß gebraten wurden. Er widerspricht damit der Vermutung anderer Forscher, dass das Fleisch im Rahmen eines Begräbnisrituals von den Knochen entfernt und nicht gegessen wurde.

Funde in „Komplex neun": Die zerschlagenen Knochen liegen dicht an dicht, vermischt mit Scherben feinster Keramik.

Keine Spuren von Gewalteinwirkung

Wer waren die Toten? Besiegte Feinde vielleicht? Wahrscheinlich nicht, denn die Knochen weisen keinerlei Spuren von Gewalteinwirkung auf, wie sie typisch für Kriegsverletzungen gewesen wären. Keine eingeschlagenen Schädel, nicht einmal eine Pfeilspitze zwischen den Rippen. Sattdessen scheinen die Toten von Herxheim zu Lebzeiten bei bester Gesundheit gewesen zu sein. Ihre Gelenke sind nicht verschlissen, die Zähne außergewöhnlich gut erhalten und auch von Mangelerscheinungen durch knappe Ernährung keine Spur.

Gegen die Theorie der getöteten Feinde spricht auch, dass die kleine Schar von Dörflern wohl kaum in nur 50 Jahren an so weit auseinanderliegenden Orten wie dem Pariser Becken und dem

Elbtal über tausend Gefangene gemacht und sie bis zu den heimischen Höfen getrieben hat. „Man könnte sich auch vorstellen, dass sich freiwillig Menschen zur Verfügung stellten, um hierhin zu kommen und sich rituell opfern zu lassen", vermutet Zeeb-Lanz.

Was geschah also zu Beginn des fünften Jahrtausends vor Christus im heutigen Herxheim? Fest steht, dass der Ort schnell berühmt wurde. Seit Beginn der sogenannten Flomborn-Phase um 5300 vor Christus schlummerte die kleine Siedlung noch ruhig vor sich hin. Doch um die Jahrtausendwende geschah etwas, das Menschen aus ganz Europa dazu veranlasste, in den kleinen Ort zu pilgern – eine logistische und kommunikative Meisterleistung in jener Zeit.

Nach höchstens 50 Jahren war alles vorbei

Der Spuk währte allerdings nur kurz: Spätestens um 4950 vor Christus war alles vorbei. Niemand verlor danach noch sein Leben auf Herxheimer Boden – die Siedlung hörte einfach auf zu existieren. Für Archäologen ein verwirrender Befund, denn 50 Jahre sind eine enorm kurze Existenzzeit für einen Ort von solcher Bedeutung. „Und 50 Jahre waren schon das uns bekannte Maximum", sagt Zeeb-Lanz. „Das alles kann sich auch in zwei Jahren oder sogar in nur fünf Wochen abgespielt haben."

Klar ist auch, dass es nicht der Hunger war, der die Bewohner des mysteriösen Dorfs zum Zerlegen ihrer Mitmenschen trieb. Was auch immer sie mit den Opfern anstellten, war Teil einer rituellen Handlung, eine religiöse Zeremonie. Dazu gehörte auch die mysteriöse Bearbeitung der menschlichen Schädel. Zunächst wurde die Haut abgezogen: Ein Schnitt längs über den Kopf, und die Haut ließ sich zu beiden Seiten hin abpellen. Dann ein gezielter Schlag von vorn gegen das Gesicht, einer hinten gegen den Halsansatz, je zwei an den Seiten – das Resultat sah aus wie eine Trinkschüssel.

„Getrunken hat daraus vermutlich aber niemand", sagt Zeeb-Lanz. „Die Ränder sind noch heute so scharfkantig, dass man sich daran die Lippen verletzen würde." Diese seltsam zugerichteten Schädeldecken, sogenannte Kalotten, entdeckten die Ausgräber oft in kleinen Nestern zusammengelegt. Bis zu elf Stück lagen dicht beieinander an einer Stelle. „Je länger und intensiver wir forschen", meint Zeeb-Lanz, „desto mysteriöser wird dieser Ort."

Aber haben seine Bewohner die Toten tatsächlich verspeist? Archäologisch beweisen lässt sich das nicht. Boulestin ist sich seiner Sache sicher, doch nicht alle Mitglieder des Grabungsteams teilen seine Meinung. Auch Projektleiterin Zeeb-Lanz ist vorsichtig: „Wir dürfen nicht vergessen: Das war keine Riesensiedlung. Wer soll das alles gegessen haben?" ■

19 Stunden in der Hölle

Der Ausbruch des Vesuv hat Pompeji ausgelöscht – doch viele Leichen und Gebäude haben die Jahrhunderte überdauert. In einem einmaligen Projekt ist es Forschern jetzt gelungen, den letzten Tag einer Familie zu rekonstruieren: Mit beklemmender Präzision zeigen sie, wie qualvoll die Menschen starben.

Der 24. August 79 war in Pompeji ein sonniger Spätsommertag. In den Gassen der Stadt am Golf von Neapel herrschte geschäftiges Treiben. Als gegen 13 Uhr die Erde zu grollen begann, ahnte kaum jemand etwas von der drohenden Katastrophe. An Erdbeben waren die Bewohner der Stadt fast gewöhnt: Das letzte große lag erst 17 Jahre zurück. Die Handwerker verdienten noch immer gutes Geld damit, hier ein beschädigtes Dach zu flicken und dort einen eingestürzten Schuppen wieder aufzubauen.

Doch diesmal war es anders. Aus dem nahen Vesuv, von dem die alten Legenden noch erzählten, er habe einst Feuer auf die Felder regnen lassen, stieg eine Rauchwolke auf. Sie hatte die Form einer Pinie, deren Äste sich am oberen Ende des Stammes auffächern. Im Garten der luxuriösen Villa von Julius Polybius, direkt an der Hauptstraße Via dell' Abbondanza, stand eine junge Frau. Sie war hochschwanger mit dem Kind des Neffen des reichen Kauf-

manns. Vielleicht hatte sie Angst, als sie die bedrohliche Rauch-
säule sah. Vielleicht war ihr das Spektakel auch gleichgültig – man
wird es nie erfahren.

Doch wie die junge Frau gestorben ist, wissen Forscher jetzt.
Der Vulkanologe Claudio Scarpati von der Universität Neapel Fe-
derico II hat gemeinsam mit seinem Kollegen Giuseppe Luongo
und Annamaria Perrotta die letzten Stunden der werdenden Mutter und ihrer Familie rekonstruiert. Die Forscher untersuchten die
vulkanischen Ablagerungen in der Villa des Polybius. Den Zeitplan
der Katastrophe kannten sie bereits: Minutiös hatte der Schrift-
steller Plinius der Jüngere in seinen Briefen an den Geschichtsschreiber Tacitus darüber berichtet. Er schildert darin das Ende
seines Onkels, Plinius des Älteren, der in dem Glutregen das Leben
verlor.

Verbindung von Vulkanologie und Archäologie

Was genau in der Villa des Polybius geschah, haben die Forscher
dank einer Kombination aus Archäologie und Vulkanologie rekonstruieren können. „Wir haben eine Methode entwickelt, mit der
wir nachvollziehen können, welche Gebäudeschäden von welchen
Eruptionsphasen verursacht wurden“, sagt Scarpati. Dazu mussten sich die Forscher die Abfolge der verschiedenen Schichten
anschauen: Stürzte eine Mauer ein, bevor ein pyroklastischer
Strom darüber hinwegfegte? Oder liegen seine Ablagerungen darunter? Brach das Dach unter dem Gewicht des Ascheregens zusammen? Wie viel Asche liegt dann unter den Trümmern und wie
viel darüber?

Auch Erbgutanalysen flossen in die Untersuchung ein. Die ne-
apolitanische Molekularbiologin Marilena Cipollaro untersuchte
die mitochondrische DNA der toten Familie, die aus drei Männern,
drei Frauen zwischen 16 und 18 Jahren, vier Jungen und einem
Mädchen bestand. „Die Kinder waren vermutlich Geschwister“,
fand Cipollaro heraus. „Einer der Männer, zwischen 25 und 30
Jahre alt, könnte ein Cousin gewesen sein. Die drei älteren Frauen

aber waren nicht verwandt." Wer waren diese Menschen? Aller Wahrscheinlichkeit nach ein Ehepaar mit seinen Kindern, einem Cousin mit seiner jungen Frau und zwei Sklaven.

Seit sechs Jahren forschen Scarpati und seine Kollegen in Pompeji und haben außer dem Haus des Polybius auch den Friedhof an der Porta Nola sowie die sogenannte Region III mit weiteren Wohnhäusern untersucht. „Die Ausgrabungen an diesen Stellen bestätigen unsere Beobachtungen im Haus des Polybius über den Ablauf der Katastrophe", sagt Scarpati.

Demnach hatte die Familie noch etwas mehr als 19 Stunden zu leben, nachdem der Ausbruch begonnen hatte. „Die Bewohner entschlossen sich in dieser ersten Phase, im Haus zu bleiben – wahrscheinlich weil es sicherer war für die hochschwangere Frau. Unter den Umständen war das auch die richtige Strategie", sagt Scarpati.

Flucht in die Todesfalle

Viele andere Einwohner Pompejis versuchten derweil, aus der Stadt zu fliehen – und liefen in eine tödliche Falle. Denn inzwischen gingen über Pompeji nicht nur heiße Asche, sondern auch größere Gesteinsbrocken nieder. Mit 200 Kilometern pro Stunde regneten die glühenden Geschosse herab. 38 Prozent der bisher gefundenen Toten starben während dieser ersten Stunden. „Die Skelette, die im Freien lagen, haben oft eingeschlagene Schädel", sagt Scarpati.

Wahrscheinlich lag der Blutzoll des Gesteinsregens noch viel höher. Denn außerhalb der Stadt fanden bislang nur wenige archäologische Untersuchungen statt, und gerade dort waren die Fliehenden dem steinigen Regen schutzlos ausgeliefert. Niemand weiß, wie viele Tote noch unter der meterdicken Tuffschicht über den einstigen Ausfallstraßen Pompejis ruhen. Was hätte der Vulkanologe Scarpati selbst an jenem Morgen getan?

Lebewesen verkohlten in der Hitze des Vulkanausbruchs, zurück blieb von ihnen nur ein Hohlraum im Gestein. Bei der Ausgrabung füllten die Archäologen die Löcher mit einer zähflüssigen Masse aus Zement und Bauxit – so entstanden die Abgüsse ihrer Körper.

Der letzte Akt des Untergangs – wie das Ende Pompeji besiegelt wurde und warum es für die Menschen kein Entkommen gab

„Die Einwohner von Pompeji sahen die Eruptionssäule 32 Kilometer hoch aufsteigen", sagt der Forscher. „Eine riesige Wolke verdunkelte die Sonne. Bimsstein regnete vom Himmel und bedeckte alles unter sich. Auch ich hätte meine Familie, meine Kinder genommen und versucht, so schnell wie möglich vor dem Vulkan zu fliehen."

Immer dichter fiel das vulkanische Material. Mit jeder Stunde wuchs der Belag auf den Straßen um 15 Zentimeter. Bald konnten die Dächer der Häuser das Gewicht nicht mehr tragen. Gegen 19 Uhr, so die Berechnungen der Forscher, gab das Dach im vorderen Teil von Polybius' Villa nach. Die Familie flüchtete in den hinteren Teil. Dort war das Dach steiler, sodass die Asche herunterrutschen konnte. Die Geräuschkulisse muss beängstigend gewesen sein. Unter dem Brüllen des Vesuvs hörte man die ganze Nacht das Krachen einstürzender Häuser.

Minutiöse Rekonstruktion dank Plinius

Dank der Aufzeichnungen des Plinius konnten die Wissenschaftler die Schäden an Polybius' Villa in ein zeitliches Raster einordnen und das Verhalten der Bewohner nachvollziehen. „Wir verstanden erst dann, warum die Leichen ausgerechnet in den hinteren Räumen unter dem steilen Dach lagen", sagt Scarpati. „Die Familie hatte sich in den sichersten Teil des Hauses zurückgezogen." Als sich die Katastrophe ihrem Finale näherte, kauerten die werdende Mutter und ihr Mann in der nordwestlichen Ecke des Raumes. Zwei weitere Personen befanden sich auf Liegen. Vielleicht versuchten sie noch, trotz des Lärms ein wenig zu schlafen.

Der Tod kam in den frühen Morgenstunden des 25. August. Die feurige Eruptionssäule über dem Vulkan brach in sich zusammen. Pyroklastische Ströme schossen ins Tal. Der bis zu 800 Grad heiße Gluthauch aus heißen Gasen und geschmolzenem Gestein löschte alles Leben in seinem Weg aus. „Der erste pyroklastische Strom kam von Norden und rollte über den hinteren Teil des Hauses hinweg", sagt Scarpati. „Er rauschte in den Garten und zur Vorderseite des Hauses. Es gab kein Entkommen. Die Asche drängte sich in jede Ritze und erstickte die Bewohner."

Einige Menschen überlebten selbst diese Hölle noch. „Wir fanden Opfer draußen auf den Straßen, die deutlich über der Schicht aus der Basaltasche des ersten pyroklastischen Stroms lagen", sagt Scarpati. Sie starben erst in einer der fünf weiteren Glutwalzen, die bis zum Morgengrauen folgten.

Die Sonne ging nicht auf an jenem Tag. Zu dicht war der feine Ascheregen, der immer noch auf die Stadt niederging. Zwischen 7 und 8 Uhr kollabierte auch das Dach über dem hinteren Teil der Villa des Polybius. Erst dann wurde es still. ■

Opfer des römischen Rufmords

Die Karthager waren Roms ärgste Feinde – und pflegten angeblich grausame Rituale: Um ihren Gott milde zu stimmen, sollen sie kleine Kinder geopfert haben. Alles nur römische Propaganda? Archäologen haben jetzt Spuren gefunden, die das negative Bild erschüttern.

„Ceterum censeo Carthaginem esse delendam" – „im Übrigen bin ich der Meinung, dass Karthago zerstört werden muss!" Mit diesem Satz beendete der ehemalige Feldherr und Senator Marcus Porcius Cato jede seiner Reden vor dem römischen Senat – so jedenfalls die Legende. Es war die Forderung nach der Vernichtung des ärgsten Feindes, den das römische Imperium vom vierten bis zum zweiten Jahrhundert vor Christus besaß: Karthago. Die Stadt an der nordafrikanischen Küste, nahe dem heutigen Tunis gelegen, war das Zentrum einer See- und Handelsmacht, die es wagte, Rom die Herrschaft streitig zu machen. Mehrere Kriege führte Rom gegen Karthago, bis es im Jahr 146 vor Christus so weit war und Catos Forderung erfüllt wurde: im Dritten Punischen Krieg wurde Karthago erobert und zerstört.

Über den Feind erzählte man sich in Rom abscheuliche Dinge: So sollen die Karthager ihrem Gott Baal-Hammon regelmäßig Kinder geopfert haben. Eine Szene haben römische Geschichtsschreiber genau beschrieben: Im Jahr 310 vor Christus lag vor den Toren Karthagos das Heer des Agathokles von Syrakus und schnitt die Stadt von jeder Versorgung aus dem Hinterland ab. Das Wasser wurde knapp, in der Sommerhitze litten die Menschen unsägliche Qualen. Schließlich verkündeten die Priester des Baal-Hammon, wie die Stadt gerettet werden könne: Ihr Hauptgott, so waren sie überzeugt, gierte nach dem Blut der erstgeborenen Söhne der Elite. Zu lange schon hätten die Reichen der Stadt versucht, den Gott zu betrügen, indem sie anstelle der eigenen Sprösslinge Sklavenkinder geopfert hätten. Oder sie hätten gar versucht, dem Gott Tier- statt Menschenfleisch unterzujubeln.

Nach und nach rollten die kleinen Kinder ins lodernde Feuer

Die Misere also, so sagten die Priester, sei nun die Rache des Baal. Um ihn wieder zu besänftigen, trieben sie die männlichen Nachkommen zusammen, entzündeten zu den Füßen seiner Statue ein riesiges Feuer und legten die Kinder auf die leicht abschüssigen, ausgestreckten Arme des Götzenbildes. Nach und nach rollten die kleinen Kinder ins lodernde Feuer.

So zumindest ist es nachzulesen bei den antiken Geschichtsschreibern Diodorus Siculus und Plutarch. Und so führte es auch 1862 Gustave Flaubert in seinem Roman „Salammbô" in ekelerregender Detailgenauigkeit aus: „Dann ward die Glut im Innern dunkler, und man erkannte brennendes Fleisch. Manche glaubten sogar Haare, Glieder und ganze Körper wahrzunehmen. (...) Man hörte das Schreien der Mütter und das Prasseln des Fetts, das auf die Kohlen herabtropfte ..."

Nur hat die Sache einen Haken: Flaubert schrieb für ein sensationslüsternes französisches Publikum. Und die beiden antiken

Grabsteine, sogenannte Stelen, markieren die Ruhestätten der Kinder im Tophet.

Geschichtsschreiber wurden von römischen Herrschern für ihre Dienste bezahlt. So haben Archäologen seit geraumer Zeit berechtigte Zweifel an der Verlässlichkeit dieser literarischen Schilderungen. Waren die abstoßenden Kindesopfer also nur römische Propaganda?

Jüngste Belege dafür, dass die Karthager möglicherweise unschuldig waren, hat nun Jeffrey Schwartz von der University of Pittsburgh vorgelegt. Der Anthropologe untersuchte die Knochen aus 348 Urnen aus einem Kinderfriedhof der Stadt. Um diesen Kinderfriedhof, Tophet genannt, ranken sich seit den ersten wissenschaftlichen Untersuchungen in den Zwanzigerjahren des letzten Jahrhunderts die finstersten Gerüchte. Hier ruhen nur die Knochen von sehr jungen Kindern. Ältere Kinder sowie die Erwachsenen wurden auf den regulären Friedhöfen der Stadt beigesetzt. Es lag also nahe, in den hier Bestatteten die Opfer des grausamen Baal-Hammon zu vermuten – die erstgeborenen Söhne der Stadt, die für den Gott in den Flammen sterben mussten.

Die Zähne zeigten: 20 Prozent der Kinder waren Totgeburten

Schwartz fand heraus, dass zumindest sehr viele von ihnen gar nicht hätten geopfert werden können – weil sie schon ihre Geburt nicht überlebt hatten. Schwartz konnte an den Knochen keinerlei Spuren von Gewalteinwirkung feststellen. „Ich habe sehr sorgfältig nach Schnittspuren gesucht, weil es in einigen Berichten heißt, den Kindern seien die Kehlen durchgeschnitten worden, bevor man sie ins Feuer warf", erzählt der Forscher. „Natürlich könnten sie auch zuvor betäubt worden sein – das hätte an den Knochen keine Spuren hinterlassen." Von 70 Skeletten waren die Beckenknochen so weit erhalten, dass Schwartz an ihnen das Geschlecht der Toten bestimmen konnte. Und hier widersprachen die Ergebnisse eindeutig den Schilderungen des Opferritus: Mindestens 38 der Kinder aus dem Tophet waren nämlich Mädchen. Nur bei 26 der Knochen konnte Schwartz eindeutig auf Jungen schließen, bei den restlichen sechs Kindern war das Ergebnis nicht eindeutig.

Die nächste Überraschung war die Bestimmung des Alters. Dazu nahm Schwartz die kleinen Schädelknochen, Sitz- und Schambeine sowie die Zähne unter die Lupe. Fast alle Kinder starben, ohne ihren ersten Geburtstag erlebt zu haben. Der häufigste Todeszeitpunkt lag zwischen dem zweiten und dem fünften Lebensmonat. Und etwa 20 Prozent aller Kinder hatten gar nie das Licht der Sonne gesehen – sie waren Totgeburten.

Um sicherzugehen, zog Schwartz weitere Kollegen hinzu. Er wählte Zähne von 50 Kindern aus, deren Todeszeitpunkt er kurz vor oder unmittelbar nach der Geburt vermutete, und schickte sie an Roberto Macchiarelli vom Musée Nationale d'Histoire Naturelle in Paris und Luca Bondioli vom Museo Nazionale Preistorico Etnografico in Rom. Er bat die Kollegen, die Zähne auf ihre neonatale Linie zu untersuchen. Diese feine Linie bildet sich im Zahnschmelz, wenn dessen Produktion bei der Geburt und für die ersten Tage danach vorrübergehend eingestellt wird. Ist sie im Zahnschmelz zu sehen, hat das Kind diese Zeit überlebt. Fehlt sie, ist es während oder kurz nach der Geburt gestorben. Mit dieser sehr genauen Methode der Bestimmung des Todeszeitpunktes konnten die Forscher 26 Kinder ausmachen, die tatsächlich tot geboren worden waren – und damit auch ganz bestimmt nicht dem Baal-Hammon als Opfer dargebracht werden konnten.

„Unter den Römern selbst war Kindsmord durchaus gängig"

War also der verrufene Tophet gar nichts anderes als ein Friedhof für Kinder, die entweder tot geboren wurden oder starben, bevor sie in die Gesellschaft Karthagos aufgenommen wurden? So wie im Christentum die Taufe nötig ist, um das Recht auf eine Bestattung in geweihter Erde zu erwerben, könnte es auch bei den Karthagern ein ähnliches Ritual gegeben haben. Und eine hohe Kindersterblichkeit ist für die Antike nichts Ungewöhnliches. Die schlechte Wasserver- und Abfallentsorgung schaffte auch in römischen Großstädten jener Zeit wie Pompeji, Ostia oder Rom ein ungesundes Klima für Neugeborene. Pocken und Malariaepidemien, Hepatitis, Lepra oder Thyphus rafften nur allzu oft das neue Leben dahin, kaum dass es auf die Welt gekommen war.

Zudem hatten die Römer gar keinen Grund, im Angesicht der angeblichen karthager Kinderopfer Empörung zu Heucheln: „Unter den Römern selbst war der Infantizid – der Kindermord – durchaus gängig", erklärt Schwartz. „Ungewollte Kinder, insbesondere Mädchen, wurden einfach in den Bergen zum Sterben ausgesetzt." Es gibt einen Brief eines Römers an seine Frau aus dem Jahr 1 v. Chr., in dem dieser offen mit dem Thema umgeht: „Ich bin noch in Alexandria", schreibt er heim. „Ich bitte dich und flehe dich an, auf unser kleines Kind aufzupassen! Sobald ich Lohn bekomme, werde ich ihn dir schicken. Und falls du unterdessen (viel Glück!) wieder gebierst – dann lass das Kind leben, so es ein Junge ist; und ist es ein Mädchen, so setz' es aus." ■

Inka waren Weltmeister der Schädelchirurgie

Die Inka waren Meister im Öffnen von Schädeln, um Verwundungen zu heilen. Jeder sechste Totenkopf, den Forscher jetzt untersuchten, hat ein Loch – und die meisten Operierten hatten ohne größere Komplikationen überlebt. Grund: die geschickte Bohrtechnik der Mediziner.

In der Renaissance verlief das Töten in Europa vergleichsweise schnell und sauber. Bogenschützen erledigten den Feind so rasch, dass er oft von seinem eigenen Tod nichts mitbekam. Als Wunde entstand nur ein kleines Loch. Auch ein Stich oder Hieb mit dem Schwert führte relativ zügig zum Tod, so denn der Tötende kein Stümper war und einigermaßen sein Handwerk beherrschte.

In den peruanischen Anden dagegen sah die Sache im 15. Jahrhundert anders aus. Hier bevorzugten die Kämpfer Keule oder Steinschleuder. Häufig endete eine Auseinandersetzung unter In-

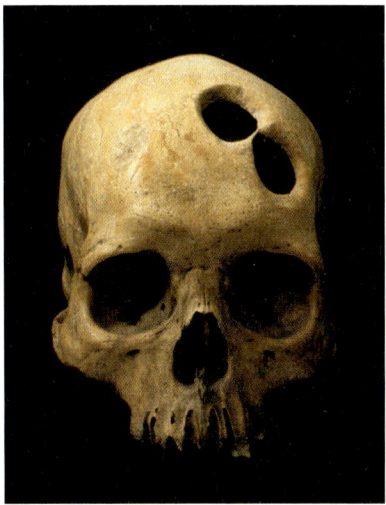

Durchlöcherter Kopf: „Da haben die Chirurgen dann immer wieder versucht, die richtige Stelle zu finden, hinter der sie die Ursache für das Problem vermuteten", sagt Forscher Verano.

kakriegern deshalb nicht mit dem Tod – sondern mit einem schwerwiegenden Schädeltrauma. Diesem Umstand verdankt das Andenvolk einer neuen Studie zweier US-Anthropologen zufolge eine zivilisatorische Errungenschaft ganz anderer Art: die Trepanation – die Kunst der Schädelöffnung zur Behandlung und Heilung solcher Traumata.

In einem Artikel im „American Journal of Physical Anthropology" legen nun Valerie Andrushko von der Southern Connecticut State University in New Haven und John Verano von der Tulane University in New Orleans ihre Ergebnisse vor. Die Forscher untersuchten Schädel aus jüngeren Ausgrabungen in und um Cuzco, der Hauptstadt der Inka, deren Funde genau dokumentiert sind. „In den Museen liegen zwar viele trepanierte Schädel", so Verano, „aber da weiß man oft nicht, in welchem Umfeld sie gefunden wurden oder wie alt sie sind". Das Ergebnis: „Von den 411 Individuen unserer Studie hatten 16 Prozent mindestens ein Loch im Schädel."

Hohe Überlebensquote

Die Zahlen verblüffen. In keinem anderen Land der Welt hat man so viele durchlöcherte Schädel gefunden wie in Peru. Der erste stammt aus der Zeit um 400 vor Christus. Da war zwar die chirurgische Schädelöffnung in Europa schon seit Jahrtausenden bekannt – hatte aber nie die Häufigkeit oder Perfektion erreicht wie im Hochland der Anden. In den frühen Jahren überlebte immerhin schon rund ein Drittel aller Patienten den chirurgischen Eingriff. „Das sieht man an den Knochenrändern um das Loch", sagt Verano. „Die sind dann wieder ganz mit neuem Knochengewebe bedeckt und richtig rund."

Zur Hochzeit der Inkakultur war die Operation fast schon Routine. Mehr als 90 Prozent der Patienten konnten nach dem Eingriff wieder ein ganz normales Leben führen und starben oft erst Jahrzehnte später. Dazu kam eine sehr niedrige Infektionsrate. Nur in 4,5 Prozent der Fälle entzündete sich die Wunde – das ist an knöchrigen Ablagerungen in der Umgebung des Loches abzulesen.

Die Ärzte der Inka kannten verschiedene Substanzen zur Desinfektion. Sie behandelten die Wunde mit Saponin, Zimtsäure und Tannin. Eine Betäubung gab es nicht. Doch das dürfte weniger schlimm gewesen sein, als es zunächst klingt. Wenn die Schädelöffnungen tatsächlich in der Hauptsache bei Kopfverletzungen vorgenommen wurden, um den Schädelinnendruck zu mindern, dann litten die Patienten ohnehin unter starken Schmerzen.

Rund oder eckig?

Für die Operation kannten die Chirurgen vier verschiedene Techniken. Entweder wurde ein Loch gebohrt, eine Öffnung geschabt, ein rechteckiges Stück herausgesägt oder ein runder Pfropf ausgeschnitten, der sich nach Ende der Behandlung wieder einsetzen ließ. Letztere Methode wurde laut Andrushko und Verano vor allem bei akuten, offensichtlichen Schädelverletzungen angewandt. „Das machten sie, wenn es schnell gehen musste", sagt Verano.

„Dann nahmen sie ein ganzes Stück Schädel heraus. Das können wir uns wohl so ähnlich vorstellen wie im Emergency Room."

Hatten die Chirurgen dagegen Zeit, schabten sie vorsichtig so lange über den Knochen, bis ein Loch mit flachen Rändern entstand. Nur ein Schädel in der Studie hatte ein rechteckiges Loch, das offensichtlich in den Knochen gesägt war – eine eher voluminöse Öffnung, 3,98 x 3,90 Zentimeter groß. Die seltene Operation verlief auch nicht besonders erfolgreich, der Patient verstarb, bevor die Wunde zu heilen begann.

Trotz der offensichtlich hoch entwickelten Kunst haben die Archäologen bisher keine chirurgischen Instrumente bei den Inka gefunden. Das Tumi, ein kupfernes Ritualmesser, war jedenfalls zu weich für eine solche Operation. Experimente peruanischer Wissenschaftler an lebenden Menschen in den Vierziger- und Fünfzigerjahren hätten ergeben, dass die bekannten Metalle nicht hart genug gewesen seien, sagt Verano.

Jahre später probierten Anthropologen erneut die Trepanation, diesmal allerdings mit Klingen aus Stein und an Tierkadavern – das Ergebnis: „Mit Obsidian oder Flint funktioniert es ganz gut", sagt Verano.

Sieben Löcher in einem Schädel

Bei 44 Prozent aller Patienten können die Anthropologen noch eindeutige Spuren eines Schädeltraumas als Grund für die Öffnung nachweisen. Von den Löchern führen in diesen Fällen kleinere oder auch größere Risse weg, die beim stumpfen Schlag auf den Kopf im Knochen entstanden sind. Wahrscheinlich liegt die Prozentzahl aber noch viel höher. Denn häufig dürfte die Fraktur an genau jener Stelle gelegen haben, die dann entfernt wurde. Außerdem liegen ungewöhnlich viele Trepanationen auf der linken Seite des Schädels – genau dort also, wo ein rechtshändiger Gegner seine Keule hätte niedersausen lassen. Außerdem waren die meisten Trepanierten männlich – ein weiteres Indiz, dass es sich um eine Notfallmaßnahme nach schweren Verletzungen im Kampf handelte.

Die Häufigkeit der Anwendung schwankt von Fundort zu Fundort. Verano kennt einen Friedhof, auf dem 50 Prozent aller Männer, 30 Prozent aller Frauen und 30 Prozent aller Jugendlichen Trepanationslöcher in den Schädeln hatten: „Wenn die Theorie stimmt, war das eine raue Gegend."

Doch auch Krankheiten können der Grund für eine solche Operation gewesen sein. Andrushko und Verano fanden zum Beispiel Hinweise auf Mastoiditis, eine Infektion, die durch eine schlecht verheilte Mittelohrentzündung ausgelöst wird und starke Schmerzen verursacht. Auch Kopfschmerzen oder Schwindel dienten wohl als Anlass. Denn einige Schädel haben nicht nur ein Loch, sondern bis zu sieben. „Da haben die Chirurgen dann immer wieder versucht, die richtige Stelle zu finden, hinter der sie die Ursache für das Problem vermuteten", sagt Verano.

Trotz der neuen Studie bleibt die Trepanation bei den Inka für Verano immer noch eins der größten Rätsel der Medizingeschichte. Es gibt keine eigenen Aufzeichnungen der Indianer darüber. Auch die Spanier erwähnten die Schädelöffnungen nicht in ihren frühen Berichten von der Eroberung des südamerikanischen Kontinents. „Dabei kannten und praktizierten die Spanier selbst die Trepanation", sagt Verano. Fest steht nur, dass die Inka ihren Eroberern in der Kunst der Schädelöffnung weit überlegen waren. ∎

Das Geheimnis von Hell's Gate

Ein sagenumwobener Hügel in der englischen Grafschaft Yorkshire hat sein Geheimnis preisgegeben: Er diente über drei Jahrhunderte als Richtplatz. Mit modernen Methoden haben zwei Archäologinnen die Wahrheit über vermurkste Axthiebe und gepfählte Köpfe ans Licht geholt.

Bronzezeitliche Grabhügel sind auf den britischen Inseln ein beliebter Ort für nächtliche Mutproben der Landjugend. Kaum sticht man den Spaten in den Boden, findet man Waffen, Schmuck und

Knochen. Was anderes könnten diese Hügel sein als Drachenhorte, Anhäufungen unermesslicher Schätze, gespickt mit den Überresten der Unglücklichen, die sie zu stehlen versuchten?

So auch der Hügel bei Walkington Wold im Osten der Grafschaft Yorkshire. Noch zu Beginn des vorigen Jahrhunderts war der Hügel bei der einheimischen Bevölkerung nur als „Hell's Gate" bekannt, als Eingang zur Unterwelt, gut bewacht von Dämonen. Eine wissenschaftliche Ausgrabung in den späten Sechzigerjahren trug nicht unbedingt zur Klärung der Sache bei. Zwischen den Knochen aus der Bronzezeit fanden die Ausgräber rund ein Dutzend jüngere Skelette, zehn davon ohne Kopf. „Schaustätte eines blutigen Massakers", munkelten die einen. „Eine Massenhinrichtung", raunten die anderen. Auch als Opferstätte eines „keltischen Kopfkults" wurde der Hügel gehandelt.

Hingerichtet und zur Schau gestellt

Erst jetzt hat die erneute Analyse des Knochenmaterials durch zwei Archäologinnen Klarheit über die Toten von Walkington Wold geschaffen. Die Wahrheit ist mindestens ebenso grausig wie die erfundenen Legenden. Unter dem Hügel liegen die Überreste von Schwerverbrechern: exekutiert, die Körper hastig verscharrt und die Köpfe auf Stangen am Wegesrand ausgestellt.

Moderne wissenschaftliche Methoden haben es Dawn Hadley von der University of Sheffield und ihrer Kollegin Jo Buckberry von der University of Bradford ermöglicht, Alter, Geschlecht, Todesursache und -umstände der 13 Toten zu bestimmen. Sie holten die alten Knochen aus ihren Kisten im Hull and East Riding Museum und schickten sie zur Radiokarbondatierung nach Oxford. Die Ergebnisse bargen die erste Überraschung: Offenbar diente der Hügel bei Walkington Wold drei Jahrhunderte lang als Richtplatz. Die ältesten Knochen stammen aus dem späten 7. oder frühen 8. Jahrhundert, die jüngsten aus dem zehnten.

Eine Geschlechteranalyse ergab, dass alle Toten mit großer Wahrscheinlichkeit Männer waren. Auch das ist neu, die Ausgräber hatten ein besonders zierliches Skelett zunächst als weiblich deklariert. Es gehörte allerdings einem jungen Mann. „Wir wissen natürlich nicht, ob Frauen weniger Verbrechen begingen als Männer", kommentiert Dawn Hadley die Ergebnisse. Aber zumindest seien in jener Zeit auch an anderen Stätten in Großbritannien kaum Frauen hingerichtet worden.

Knochen erzählen vom brutalen Handwerk der Henker

Als nächstes nahm Jo Buckberry noch einmal die Knochen in die Hand. Und die erzählen bei genauer Betrachtung von der Brutalität, mit der die damaligen Henker an ihr blutiges Werk gingen. Auf einen schnellen Tod durch einen glatten Schwertschlag konnte damals kaum ein Verbrecher hoffen. Die Scharten an den Basen von drei oder gar vier Schädeln stammen von sehr schweren Waffen; einer Axt oder einem großen Richtschwert.

Einer der Schädel, der einst auf den Schultern eines jungen Mannes zwischen 18 und 25 Jahren saß, weist Spuren von mindestens drei machtvollen Schlägen auf den Hinterkopf auf. So wie sie liegen, muss der Verurteilte sein Kinn weit auf die Brust vorgebeugt gehalten haben. Jedoch war keiner der drei Schläge tödlich. Erst ein vierter hat wohl den Kopf vom Hals getrennt und den Tod gebracht. „Hier können wir wahrlich von einer vermurksten Hinrichtung sprechen", sagt Hadley.

Zwei weiteren Verbrechern schlitzte man die Kehle auf. An der Vorderseite ihrer Halswirbel fand Buckberry die feinen Schnitte einer scharfen Waffe. Möglich wäre allerdings auch, dass erst kurz nach dem Tod jemand eine scharfe Waffe benutzte, um das Haupt vom Körper zu trennen. Für Köpfe hatte man nämlich in Walkington Wold eine ganz besondere Verwendung. Man spießte sie auf sogenannte „heafod stoccan", Kopfstangen, die schon weit die Landstraße hinab sichtbar dem Reisenden klarmachten, dass hier nicht zimperlich mit Gesetzesbrechern umgegangen wurde.

Unterkiefer faulte ab

Acht der elf gefundenen Schädel hatten keinen Unterkiefer mehr. Das heißt, sie waren bereits verwest, als sie unter die Erde kamen. Die Haut und das Fleisch, die den Kiefer einst am Platz gehalten hatten, waren schon lange vergangen. Passierte dies, während der Kopf noch auf dem Pfahl steckte, fiel der Unterkiefer früher oder später herunter. Für zusätzliche Unordnung unter den Skeletten sorgte nach Ansicht der Forscherinnen ein Dachs, der einige Köpfe in seinen Bau schleppte.

Kaum ein Kopf lag noch an seinem Platz. Die Arbeit der beiden Archäologinnen gleicht deshalb oft einem Puzzlespiel. Die ursprünglichen Ausgräber hatten zum Beispiel ein Skelett, neben dessen Füßen ein Kopf lag, als vollständiges Individuum gezählt. Doch die Knochen gehörten zu einem sehr jungen Mann um die 20 oder jünger, während die Zähne des Kopfes seinen Träger als 26 bis 35 Jahre alten Mann identifizierten.

Für Hadley war es trotz aller Routine im Umgang mit angelsächsischen Toten ein besonderes Projekt. „Es hat mich gereizt, die Wahrheit unter all den kursierenden Thesen über diesen Ort zu finden", erzählt die Archäologin mit dem offenen Lächeln. „Und es war schon erstaunlich, wie viele Details wir über diese Toten erfahren konnten. Als wir die feinen Schlitze in den Halswirbeln sahen, waren wir den Toten plötzlich erschreckend nah." ∎

KRIEGSRESTE

Nach der Schlacht haben Soldaten meist anderes zu tun, als Aufzuräumen. Mit den Jahrzehnten rotten Waffen, Munition und tote Feinde langsam in den Boden hinein. Ein Schlachtfeld bietet immer reiche Ernte für Archäologen – und lässt in der Rekonstruktion die Schrecken des Krieges wieder auferstehen.

Das Knochenkabinett des Dr. Hammond

Zertrümmerte Schädel, Bajonettstiche, Einschusslöcher: In einem Washingtoner Museum lagern die Knochen zahlreicher US-Bürger – von Präsidenten bis zu einfachen Soldaten. Gerichtsmediziner nutzen die Sammlung, um heutige Gewaltverbrechen aufzuklären.

Corporal Stone war hart im Nehmen: Am 13. Dezember 1862 traf den Soldaten der amerikanischen Union in der Schlacht von Fredericksburg eine Gewehrkugel direkt ins rechte Auge. Im Hospital angekommen, fühlte sich der Bürgerkriegssoldat jedoch recht wohl. Außer einem kleinen Loch im Augenlid konnten die Ärzte keinen

Schaden entdecken. Stone wurde entlassen. Nur gelegentlich plagten ihn leichte Kopfschmerzen. Doch nach zwei Monaten bekam er hohes Fieber, am 15. Februar 1863 starb er. Die Ärzte hatten übersehen, dass die Kugel noch immer in seinem Kopf steckte.

Stones Schädel ist für Ärzte und Forensiker heute ein hilfreiches Studienobjekt. Dank diesem Knochen können sie die Spuren von Greueltaten besser verstehen. Der Schädel liegt heute in einer Vitrine im National Museum of Health and Medicine (NMHM) in Washington. Hinter der linken Augenhöhle steckt noch immer jene Kugel, die Stone 64 Tage lang in seinem Kopf mit sich herumtrug. Eine Entzündung um die Einschusswunde hatte das Gehirn letztlich erreicht und schließlich den Tod des Soldaten bewirkt. Jemand hat mit Tinte in altmodischen Buchstaben quer über die Schädelkalotte geschrieben: „Lebte noch für zwei Monate, scheinbar gesund".

„Es ist erstaunlich, was Menschen alles überleben können – trotz aller Bemühungen, sie umzubringen", sagt Lenore Barbian, ehemalige Kuratorin der Bürgerkriegssammlung des Museums und Anthropologin an der Edinboro University in Pennsylvania.

Präsident oder Präsidentenmörder – hier waren alle gleich

Die Sammlung von Knochen und Gewebeproben aus dem amerikanischen Bürgerkrieg ist einmalig auf der Welt: Knochen einfacher Soldaten, sowohl von US-Präsidenten wie auch von deren Attentätern sind hier zu finden. Die Sammlung entstand auf Befehl des Armeechirurgen General William Hammond. Ab 1862 waren die Ärzte der Unionstruppen angewiesen, „alle Arten pathologischer Anatomie zu sammeln und einzusenden, die von Interesse für die Forschung in der Militärmedizin sein können, zusammen mit Gewehrkugeln und anderen entfernten Projektilen". Vor Hammond waren alle gleich, egal ob einfacher Soldat, Präsident der Vereinigten Staaten oder Präsidentenmörder.

Am 15. April 1865 begannen die Armeechirurgen General J. K. Barnes, Colonel Joseph Woodward und Major Edward Curtis mit der Autopsie des berühmtesten Präsidenten der USA. Curtis holte gerade das Gehirn Abraham Lincolns aus der Schädelkalotte, als „... plötzlich, aus einer grausamen Furche, die sich vom einen Ende zum anderen zog, direkt durch meine Finger etwas Hartes schlüpfte – und mit einem höhnischen metallenen Scheppern in die bereitgestellte Schale fiel. Die Suche war erfolgreich; ein kleines Kügelchen Blei." Am Ende berichtet Curtis: „Ich war erstaunt festzustellen, dass das Gehirn dieses großen Mannes nicht mehr wiegt als das eines gewöhnlichen Sterblichen!"

Im NMHM liegen auch Knochenfragmente und Haarlocken Lincolns – sowie die blutgetränkten Hemdmanschetten von Major Curtis. Auch Teile der Präsidenten Grant, Garfield, Cleveland und Eisenhower sind zu besichtigen ebenso wie die Wirbelsäule von John Wilkes Booth, der die tödlichen Schüsse auf Lincoln abgefeuert hatte, und der größte Teil des Skeletts, das Gehirn und die Milz des Attentäters des Präsidenten James Abram Garfield (verstorben 1881), Charles Guiteau.

Jeder Probe musste eine genaue Beschreibung des Patienten und seiner Krankengeschichte beigefügt sein. „Einige Schädel der Sammlung haben eine Karteikarte beiliegen, auf der sogar vermerkt ist, was den Patienten in ihren letzten Lebenstagen zu Essen gegeben wurde", berichtet Barbian.

Diese genaue Dokumentation macht die Sammlung zu einer Schatzkiste für Forensiker: Einschusslöcher, Hiebe mit dem Gewehrkolben, Bajonettstiche. Barbian und ihr Kollege Paul Sledzik analysieren anhand der in den Knochen verewigten Verletzungen die Heilungsprozesse von Knochen. Zwar ist grob bekannt, wie ein Knochen heilt, doch in welchen Zeitabständen, lässt sich in der Praxis nur schwer bestimmen. Schließlich kann man einem Patienten nach einer schweren Kopfverletzung nicht jeden Tag den Schädel öffnen. In der Bürgerkriegssammlung des NMHM aber sind alle Stadien der Knochenheilung versammelt. Die genauen Datumsangaben der Wunde und das Todesdatum machen es einfach, zu sehen, ob der Knochen drei oder zehn Tage Zeit zum Heilen hatte oder gar Monate wie im Fall von Corporal Stone.

Knochen helfen der Untersuchung von Kindes-misshandlungen

Die Erkenntnisse, die Barbian und Sledzik aus den 150 Jahre alten Schlachtfeld-Schädeln gewinnen konnten, können nun Forensiker für die Aufklärung von Verbrechen nutzen. „Es ist wichtig zu verstehen, dass die Sammlung mehr ist als nur ein Haufen alter Knochen", sagt Sledzik. „Sie ist bis heute eine wertvolle Quelle für naturwissenschaftliche und historische Forschungen."

Stammen wirklich alle Knochenbrüche eines Toten von der Gewalteinwirkung, die zu seinem Tod führte? Oder wurde der Betreffende womöglich bereits lange vorher systematisch misshandelt? Ein Gebiet, auf dem Erfahrungswerte zur Knochenheilung dringend benötigt werden, ist die Kindesmisshandlung. „Andere Fälle sind Menschenrechtsverletzungen oder Kriegsverbrechen", sagt Sledzik. „Mit diesen Erfahrungswerten von den Schädeln der Soldaten lässt sich jetzt viel besser abschätzen, wie lange die Verletzungen bei einem Misshandelten schon zurückliegen", ergänzt Barbian.

Barbian und Sledzik konnten verschiedene Stadien der Heilung ausmachen. In der ersten Woche nach dem Trauma veränderte sich erst einmal gar nichts. Dann aber stellten die Forensiker schlagartig die Anwesenheit von Osteoblasten und Osteoklasten fest. Osteoblasten sind Zellen, die neue Knochensubstanz aufbauen. Die Osteoklasten dagegen räumen auf. Sie zersetzen altes Knochengewebe, das bei der Heilung im Weg wäre. Spätestens nach sechs Wochen waren an jeder Wunde beide Zellformen aktiv. Nach rund acht Wochen bildet sich dann eine sogenannte Demarkationslinie. Die Rille verläuft zwischen dem gesunden Knochen und jener Knochensubstanz, die während des Heilungsprozesses abstirbt. Dieses Gewebe löst sich im letzten Stadium vom gesunden Knochen und wird im Idealfall vom Körper abgebaut.

Die meisten Sammelstücke stammen von einfachen Soldaten

„Es ist ein Anfang", sagt Barbian. „Es ist ein erster Schritt in ein Gebiet, von dem wir bisher nur ganz wenig wissen." Als nächstes sind die Langknochen dran: Wie heilen Oberschenkelknochen, Schienbein und Oberarmknochen? Noch ganz andere Fragen können die Soldatengebeine im NMHM beantworten. „Wir möchten wissen, wie sich die Lebensbedingungen eines Soldaten auf seine Knochen auswirken", erklärt Sledzik. „Das kann helfen, heutigen Soldaten ihren Einsatz zu erleichtern. Außerdem haben wir von den Knochen auch DNA-Proben genommen, um die Methode der DNA-Gewinnung aus Knochenmaterial zu verbessern."

Barbians und Sledziks Arbeiten würden den alten Armeechirurgen Hammond freuen. „Die Gründer dieser Sammlung waren sehr weitsichtige Männer", erklärt Barbian. „Sie wollten eine bedeutende Sammlung anlegen, die für die Medizin eine tragende Forschungsgrundlage bildet. Und genau das ist ihnen gelungen."

Aber auch für Besucher ist die Bürgerkriegssammlung ein Erlebnis. Die meisten Ausstellungsstücke stammen schließlich nicht von Königen oder Kaisern, sondern von einfachen Soldaten, wie sie auch heute noch in den amerikanischen Kriegen kämpfen. „Als ich noch Kuratorin war, bekam ich etwa einmal im Monat einem Anruf von Angehörigen, die nach Körperteilen ihrer Vorfahren forschten", erzählt Barbian. „Die kannten die alten Geschichten von Uropas amputiertem Bein, das in Washington im Museum liegt, und fragten nach, ob sie es einmal sehen könnten."

Dazu trug auch die mitunter ungewöhnliche Mithilfe der Soldaten bei: Ein zertrümmerter Knochen gehört zum Beispiel einem gewissen Daniel Sickles, einem Befehlshaber in der Schlacht von Gettysburg. Sein Unterschenkel wurde von einer Kanonenkugel zermalmt. Sickles ritt zurück hinter die Linien, rief den Chirurgen und ließ sich das Bein absägen. Er legte es in eine kleine, sargförmige Truhe und schickte die Extremität an Hammonds Museum. Anbei legte er eine Karte: „Mit den besten Grüßen von Major General DES."

Böse Zungen behaupten, Sickles habe nicht alle Tassen im Schrank gehabt. Er war ein verurteilter Mörder, der vor dem Krieg den Liebhaber seiner Frau getötet hatte. Vor Gericht plädierte er auf vorübergehende geistige Unzurechnungsfähigkeit – und war der Erste in der Geschichte der Vereinigten Staaten, der mit dieser Verteidigung Erfolg hatte. Der Krieg kam Sickles gelegen, um Gras über die Sache wachsen zu lassen. Jedenfalls erfreute sich der Kommandant des 3. Army Corps noch Jahre nach der Amputation bester Gesundheit.

Und jedes Jahr zum Jahrestag des Unfalls sah man Sickles im National Museum of Health and Medicine, wie er vor der Vitrine mit seinem Bein stand und seine Geschichte erzählte – immer mit einem kleinen Pulk von treuen Anhängern im Schlepptau. ■

Katastrophen-Detektiv – der schlimmste Job der Welt

Er macht eine Arbeit, die keiner machen will: Der US-Forensiker Richard Gould durchkämmt Katastrophen-Schauplätze nach Spuren menschlicher Überreste. Familien der Opfer verschafft er so Gewissheit über das Schicksal ihrer Angehörigen. Psychisch ist der Job die Hölle.

New York – Richard Gould hat die Toten sorgfältig vergraben. Auf einer Schweinefarm in Massachusetts. Er hat sie nicht einfach entsorgt, wie es ein gewöhnlicher Mörder täte, in den Silos und Schlammgruben etwa. Er hat sie tief eingebuddelt und alle Spuren verwischt.

Gould weiß, es wird nicht mehr lange dauern, dann wimmelt es auf der Farm von den besten Forensikern des Landes, ausgerüstet mit dem neuesten Hightech-Equipment und einer Spürhundestaffel. Auch wenn dabei die Toten und alle Spuren, die Gould bei seiner Arbeit hinterlassen hat, entdeckt werden – vor einer Strafverfolgung muss er sich trotzdem nicht fürchten. Im Gegenteil, dann ist die Aktion für ihn ein voller Erfolg. Denn Gould ist der Ausbilder der Forensiker – bei den vergrabenen Toten handelt es sich um Schweinekadaver. Gould freut sich schon jetzt darauf, im nächsten Jahr mit seinen Leuten zur Übung auf die Farm zu gehen. „Das hab' ich ganz lange vorbereitet", grinst er, „die Schweine liegen da jetzt schon eine ganze Weile."

Richard Gould ist Gründer und Leiter der Organisation Forensic Archaeology Recovery (FAR). Alle seine Leute machen freiwillig mit, arbeiten ohne Lohn – und machen den wohl schlimmsten Job der Welt. Wenn es nach einer Katastrophe gilt, die Opfer zu bergen – schwerstversehrte Körper, in der Regel sogar nur Überreste davon – wird FAR gerufen. Die Helfer dokumentieren akribisch den Fundkontext und bemühen sich, den Hinterbliebenen Gewissheit zu verschaffen, damit die ihre Trauer verarbeiten können. Manchmal bleiben von den Opfern einer Katastrophe nur ein Ring oder ein verkohltes Handy, manchmal können Gould und sein Team auch noch die Geschichte der genauen Todesumstände dazu liefern.

Freiwillige Helfer untersuchen den simulierten Schauplatz eines Verbrechens im FAR-Trainingscamp in Scituate, Rhode Island.

Feuerwehrmänner und Archäologen – bei FAR helfen alle

Richard Gould ist 68 Jahre alt und Professor für Anthropologie an der Brown University in Rhode Island. Seine Forensik-Mannschaft ist ein bunter Haufen, der sich aus verschiedenen Berufsfeldern zusammensetzt. Viele der Freiwilligen sind junge Archäologen, die erste Erfahrungen im Feld mit Knochenfunden längst vergangener Kulturen gemacht haben. Andere haben ihr Berufsleben zum Beispiel als Feuerwehrmänner schon hinter sich.

Zwölf Polizisten der Providence Police sind dabei, auch Männer vom FBI, die bei Gould archäologische Methoden lernen. Die verschiedenen beruflichen Erfahrungen der Teammitglieder greifen ineinander, ergänzen sich. „Die beste Kombination ist ein Team aus Archäologen und Polizisten", erzählt Gould. „Das bereichert die gemeinsame Arbeit ungemein."

Auch Freiwillige ohne einschlägige Berufserfahrung sind im FAR-Team. „Die helfen zum Beispiel bei der Pressearbeit und mit der Logistik, leiten im Ernstfall den Verkehr um oder reden mit Angehörigen." Zur Kerntruppe, die in den Neuengland-Staaten aktiv ist, gehören 50 bis 60 Mitglieder. Etwa 120 bis 200 sind es in den gesamten Vereinigten Staaten. „Die können wir einfliegen, wenn jemand mit speziellen Fähigkeiten gebraucht wird oder der Einsatz doch so lange dauert, dass die Leute vor Ort rotieren müssen."

Trainiert wird entweder in Online-Kursen oder einmal im Jahr im Feld. Über das Internet können sich die Mitglieder zum Beispiel im Incident Command System (ICS) fortbilden, dem nationalen Einsatzplan für Katastrophen.

Schaf mit Dynamitweste in die Luft gesprengt

Das ICS gibt jedem Desaster eine Struktur: Wo parkt man am Einsatzort sein Fahrzeug? Bei wem meldet man sich bei Ankunft vor Ort? „Ziemlich trockenes Zeug", sagt Gould, „aber es ist extrem hilfreich, das alles zu wissen."

Anschaulicher wird es dann bei den praktischen Übungen von FAR. Einmal wollte Gould ein Selbstmordattentat simulieren: Er band einem toten Schaf eine Dynamitweste um den Bauch, legte es in ein ausrangiertes Dienstfahrzeug der Rhode Island Police und drückte auf den Auslöser. „Wir haben viel gelernt", so Goulds lakonisches Resümee. „Die Polizei sucht normalerweise nur im Umkreis von 30 Metern nach Körperresten. Wir haben noch Schafteile in hundert und mehr Metern Entfernung gefunden."

Mit FAR füllt Richard Gould eine Lücke, die bisher schmerzhaft im Katastrophenmanagement klaffte. Wenn ein „worst case" eintritt, dann ist nur die erste Welle des Einsatzes geregelt. Es gibt staatliche Organisationen wie die Polizei und die Feuerwehr, die darauf spezialisiert sind, den Ort des Geschehens zu sichern, Verletzte zu versorgen und weitere Menschen vor Schaden zu bewahren. Handelt es sich um das Resultat eines Verbrechens, kommen eventuell noch Forensiker, um den Tathergang zu klären. Wenn sie mit ihrer Arbeit fertig sind, folgen jedoch direkt die Aufräumtrupps und schaffen unterschiedslos alles weg: Gebäudereste, Mobiliar, aber auch persönliche Gegenstände oder eben Leichenteile, die zu klein waren, um in der ersten Phase die Aufmerksamkeit der Bergungsteams zu erregen.

„Das ist wie Archäologie im Zeitraffer"

Forensische Anthropologen werden vom Staat zwar beschäftigt, ihr Aufgabenbereich beschränkt sich allerdings auf die Klärung von Kriminalfällen, nicht auf die Bergung von Menschen. „Search and Rescue"-Teams arbeiten in der Bergung, haben aber nicht das geschulte Auge eines Forensikers oder Archäologen, wenn es um die Identifizierung noch kleinster Teilchen geht.

„Bevor die forensische Arbeit überhaupt beginnen kann, müssen die menschlichen Überreste mit archäologischen Methoden geborgen werden", erklärt Gould. „Ich sage oft, dass ich im Grunde meines Herzens ein Archäologe bin, der nur vorgibt, forensischer Anthropologe zu sein."

Also gründete Gould einen neuen Zweig der Archäologie, die er selbst Forensische Archäologie nennt. Dabei werden – bei extremer psychischer Belastung der Forscher – archäologische Methoden unter enormem Zeitdruck angewandt. Anders als sonst bei Archäologen üblich hat das Team von FAR nicht Monate oder Jahre, sondern nur wenige Tage Zeit, um den gesamten Unglücksort wissenschaftlich zu dokumentieren: „Das ist wie Archäologie im Zeitraffer."

„Im Staub erkannte ich Fragmente eines Schulterblattes"

Als Gould im Oktober 2001, kurz nach dem Anschlag auf das World Trade Center, nach New York kam, wurde ihm schlagartig bewusst, welch enormen Bedarf es an forensisch-archäologischen Sichtungen von Katastrophen-Schauplätzen gab. Was er dort sah, schockierte ihn zutiefst. Gould ging durch Lower Manhattan, und sein archäologisch geschultes Auge erfasste Dinge, die außer ihm niemand gesehen hatte: „Alles war mit einer grauen Aschesubstanz bedeckt, die wir ‚Katzenstreu' nennen. Darin erkannte ich alles mögliche, zum Beispiel Fragmente eines menschlichen Schulterblattes."

Die Streuung von Leichenteilen nach dem Einsturz der Türme des World Trade Centers war schier unglaublich. Noch in Brooklyn fand man Papierfetzen mit Blut darauf. Menschliche Überreste waren bis tief hinein in die Kanalisation gelangt.

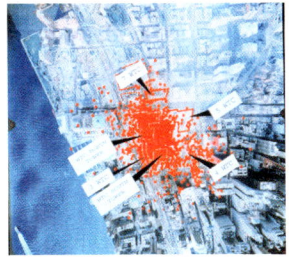

Jeder rote Punkt steht für den Fund von menschlichen Überresten nach dem Anschlag auf das World Trade Center am 11. September 2001.

Gould bat die Behörden darum, eine Testgrabung in Manhattan machen zu dürfen. Erst Anfang 2002 bekam er die Genehmigung. Obwohl das Unglück da schon Monate zurücklag, konnte FAR noch beweisen, dass die forensische Archäologie viel mehr leisten kann als herkömmliche Bergungsmethoden. „9/11 war wie ein Weckruf", sagt Gould. Bis heute sind nur knapp 60 Prozent der Opfer durch Funde von Körperteilen identifiziert.

Brand in der Disco – 340 Eimer mit Spurenresten

In der Tat hat sich das Betätigungsfeld der forensischen Anthropologen seit dem 11. September gewandelt. Vorher arbeiteten Forensiker strikt an der Aufklärung von Verbrechen. Seit 9/11 ist die Bedeutung dieser Disziplin, gerade was den humanitären Aspekt anbelangt, immer stärker ins Bewusstsein der Öffentlichkeit gedrungen.

Ein Jahr nach dem Test in Manhattan kam der erste große Einsatz für das FAR-Team. Im Februar 2003 ging bei einer pyrotechnischen Show einer Band der Tanzclub „The Station" in West Warwick, Rhode Island, in Flammen auf. Innerhalb von wenigen Minuten brannte das Gebäude lichterloh, im Feuer starben hundert Menschen.

Inzwischen hatte Gould FAR in das Disaster Mortuary Operational Response Team (DMORT) eingegliedert, einen Verband von Bestattern, die sich nach Katastrophen um die Bergung der Leichen kümmern. Er bekam den Auftrag, die Brandstätte so aufzuräumen, dass am Ende kein Schaulustiger mehr irgendeine Hinterlassenschaft der Opfer einstecken und mitnehmen konnte. Sein Team trug 340 Eimer aus der Ruine, gefüllt mit den Resten von 88 Einzelfundstellen, darunter Gitarrenplektren und Kundenkarten von Supermärkten.

Die Temperaturen in West Warwick lagen zum Zeitpunkt des Brandes weit unter dem Gefrierpunkt. Für eine Nass-Spülung, sonst die beste Methode, um Kleinteile aus Schotter zu sieben, war es zu kalt. Die Helfer mussten Stück für Stück Eisbrocken aus dem Boden hacken.

Die Belohnung ist die Dankbarkeit der Familien

Dazu kam, dass der Ort noch von Spurensuchern und örtlichen Beamten wimmelte. Gould weiß, dass hier sein Schwachpunkt ist. „Ich bin an die Kritik von Kollegen gewöhnt, das macht mir nichts aus", sagt der Professor, „aber von offiziellen Verantwortlichen kritisiert zu werden, die keine Ahnung von unserer Arbeit haben, ist viel, viel schlimmer." Er gibt zähneknirschend zu, dass auch sie wahrscheinlich nur ihren Job so gut wie möglich machen wollen. „Aber manchmal ist das wie Armdrücken." Nicht immer stimmen die Ziele der Verantwortlichen mit den Zielen Goulds überein. Zugangsbeschränkungen oder Nachrichtensperren können Goulds Arbeit hinfällig machen. Und so stellt er sich die Frage: „Kann die Forensische Archäologie der Wissenschaft, der Regierung und den trauernden Angehörigen gleichermaßen dienen?" Gould versucht zumindest, das Dilemma zu lösen. „Die Ziele der Regierung mögen nicht immer die Unseren sein", sagt er, „aber einer muss den Job ja machen." Die Belohnung ist die Dankbarkeit der Familien, denen FAR das Trauern möglich macht, weil er ihnen mit seiner Arbeit Gewissheit über das Schicksal ihrer Angehörigen verschafft: „Allein darum geht es bei dem, was wir tun."

Einsatz nach „Katrina": „Das war ein sehr schwerer Tag"

Der schlimmste Tag seiner Karriere ereignete sich im Spätsommer des Jahres 2005. Da war Gould mit seinem Team an der Golfküste, um nach dem Hurrikan „Katrina" zu helfen. Eine Woche lang identifizierte er Tote in Gulfport, Mississippi. Schließlich brachten sie Kinder in die improvisierte Leichenhalle, eines nach dem anderen. Goulds Erzählfluss gerät ins Stocken, wenn er davon erzählt: „Das war ein sehr schwerer Tag."

Danach half er selbst bei der Bergung weiterer Opfer aus Krankenhäusern, Altenheimen und Schulen in New Orleans. Zuvor waren die Bergungsarbeiten nicht sonderlich koordiniert abgelaufen. „Es war schlimm. Wir hatten alle diese Toten, aber viele der freiwilligen Helfer brachten sie rein ohne Information über den

Kontext oder den Fundort." Nicht nur deshalb sollte sich die Identifizierung der Katrina-Opfer als besonders schwer herausstellen. „Das Wasser hatte zudem alle Unterlagen der Zahnärzte zerstört – sonst eine gängige Methode für die Identifizierung von Toten."

Besonders wichtig ist es nach den Einsätzen, die Eindrücke psychologisch zu verarbeiten, ein sogenanntes „Debriefing" zu machen. Bei Feuerwehrleuten oder Polizisten geschieht dies oft in Gruppensitzungen: „Das halte ich für wenig sinnvoll", sagt Gould. „Jeder hat seinen ganz eigenen Weg, mit seinen Eindrücken umzugehen."

„Unendlich lohnenswert, aber sehr stressig"

Gould stellte eine Liste mit Namen von psychologischen Experten zusammen, mit denen er in der Vergangenheit gute Erfahrungen gemacht hatte. Die kann er anrufen, wenn er oder jemand aus seinem Team eine persönliche Betreuung braucht. „Ich weiß selbst nie, wie gut ich mit der nächsten Katastrophe werde umgehen können", sagt Gould. „Forensische Archäologie ist so unendlich lohnenswert, aber es ist auch sehr stressig. Eines Tages muss ich vielleicht aufhören."

Wenn man Gould reden hört, ahnt man, dass dieser Tag noch lange nicht gekommen ist. „Wir trainieren wie besessen für den Ernstfall, von dem wir uns alle fürchten", fasst er die Einstellung des Teams zusammen. „Aber", fügt er mit einem Grinsen hinzu, „wenn er da ist, möchten wir auch nirgendwo anders sein."

Das Szenario für den nächsten Gang ins Gelände hat sich Gould bereits ausgedacht: „Die Mafia hat eine Menge unliebsamer Zeugen aus dem Verkehr gezogen und hier in diesem Waldstück vergraben. Dann haben sie einen Tipp bekommen, dass die Polizei demnächst das Areal untersuchen will, haben die Leichen ausgegraben und woanders hingebracht. Doch sie haben Spuren übersehen: Gewebereste, Handys ..." Nach diesen minimalen Spuren wird FAR am Wochenende suchen. Zugleich ist die Übung das Vorspiel für die nächste Trainingseinheit: Denn die fiktive Mafia-Truppe aus Goulds Szenario transportierte ihre Opfer auf eine Schweinefarm in Massachusetts. ■

Tunnelstadt unter der Hölle

Es war eines der tollkühnsten Manöver des Ersten Weltkriegs:
Um deutsche Truppen zu überraschen, gruben die Alliierten
ein gigantisches Tunnelsystem unter der nordfranzösischen
Stadt Arras. 24 000 Mann versteckten sich unter der Erde.
Jetzt hat ein Archäologe die Gewölbe wiederentdeckt.

Am Abend des 8. April 1917 fand unter Arras ein bewegender Gottesdienst statt. Tief in den Tunneln unter der französischen Stadt lausch-
ten die Männer des britischen Suffolk-Regiments der Predigt des
Militärpfarrers. Einige drehten nervös ihren Helm in den Händen. Ab
und zu fiel ein kalter Wassertropfen von der Decke. Es war ihr eigener
warmer Atem, der hoch oben im Gewölbe am kalten Stein konden-
sierte. Der Pfarrer sprach von Erlösung und von Auferstehung.

Genau das erwartete die Männer am nächsten Morgen: eine
Art Auferstehung. Hoch ans Licht, an die Luft. Hinaus aus den
Tunneln, in denen sie sich eine Woche lang vorbereitet hatten – auf
ihren Ausfall, mitten hinein in die deutschen Linien. Um 5.30 Uhr
am Ostermontag wurden die Türen aufgestoßen. Aus den unter-
dischen Quartieren strömten 24 000 Soldaten den überraschten
Deutschen entgegen.

Die Tunnel von Arras waren eine der größten Baumaßnahmen
des Ersten Weltkriegs. Noch unter dem Schock der Schlacht an der
Somme, in der über eine Million Soldaten getötet oder verwundet
wurden, suchten die Befehlshaber der Alliierten neue Möglichkei-
ten der Kriegsführung. Die Militärs stießen dabei auf Arras, etwa
eine Autostunde von Calais entfernt. Die kleine Stadt liegt auf einem ausgedehnten Netz unterirdischer Steinbrüche. Seit dem Mittelalter hatten die Steinmetze Material für Häuser und Kirchen aus
dem Boden geholt und dabei riesige Kavernen geschaffen. Einige
waren so groß wie die Kathedralen, die mit den Steinen gebaut
wurden. Die unterirdischen Hohlräume, so der Plan der Befehlshaber, könnte man verbinden – und damit die Truppen direkt unter dem Feind hindurchmarschieren lassen.

20 Kilometer langes Tunnel-Netzwerk

Es war ein ambitioniertes Vorhaben. Im Oktober 1916 kamen die ersten Männer der New Zealand Tunnelling Company in Arras an. Gemeinsam mit einem Bataillon von britischen „Bantams" – Männern mit einer Körpergröße unter 1,60 Meter, hauptsächlich aus den Bergbaustädten im Norden Englands – begannen sie zu graben. Bald arbeiteten vier Tunnelkompanien mit je 500 Mann rund um die Uhr in 18-Stunden-Schichten. Sie schufen ein 20 Kilometer langes Netzwerk aus mehreren Tunnelarten:

– sogenannte Subways, die nur für Fußgänger geeignet waren
– Tramways, die breit genug für zwei einander passierende Handkarren zum Transport von Munition und Verletzten waren
– Railways, in denen eine kleine elektrische Bahn fahren konnte

Die abgetragene Erde wurde mit einem ausgeklügelten System in der Landschaft verteilt, damit aus der Luft nichts von den unterirdischen Aktivitäten zu sehen war.

Die Gewölbe bekamen Strom und Licht aus einem eigenen kleinen Elektrizitätswerk. Große Küchen sorgten für die Verpflegung der Soldaten. Die Toiletten waren einfach – Balken mit Eimern darunter – aber ausreichend für 24 000 Männer. Sogar ein Krankenhaus gab es, das 700 Verwundete aufnehmen konnte, mit einem voll ausgestatteten Operationssaal und eigener Leichenhalle. „Thompson's Cave" nannten es die Soldaten, nach Colonel A. G. Thompson vom Royal Army Medical Corps.

„Als wir das erste Mal das Krankenhaus betraten, fanden wir noch die Gewehrkugeln, die sie angeschossenen Soldaten auf dem OP-Tisch aus dem Körper geholt hatten", sagt Alain Jacques. Der Stadtarchäologe von Arras entdeckte 1990 die erste unterirdische Höhle. An den Wänden standen englische Wörter geschrieben. Doch die Bewohner von Arras erinnerten sich an nichts. Im Zweiten Weltkrieg hatten die Höhlen noch einmal kurzfristig als Luftschutzbunker gedient, dann jedoch hatten die Leute die alten Türen in ihren Kellern zugemauert und vergessen, was dahinter lag.

Briefe an Familien und Botschaften im Stein: Was die Soldaten der Welt in den Tunneln hinterließen

„Auch das Stadtarchiv wusste nichts von Tunneln", sagt Jacques. „Also ging ich in die Archive der Royal Engineers in Chatham und des Imperial War Museum, und dann wurde klar, was wir da gefunden hatten." 1994 führte eine gebrochene Gasleitung zur Entdeckung von Thompson's Cave. Nach und nach ergab das unterirdische Labyrinth einen Sinn.

Die neuseeländischen Tunnelarbeiter, viele von ihnen Maori, hatten die feuchten Höhlen nach den Städten ihrer fernen, sonnendurchfluteten Heimat benannt. In geografisch korrekter Reihenfolge gelangte man von Auckland im Norden südwärts über Wellington und Christchurch nach Dunedin. In schwarzer Farbe standen die Namen der Städte an den Wänden. Der Nordteil der Anlage, an dem hauptsächlich die Bantams gearbeitet hatten, verband Glasgow mit Edinburgh, Crewe und London. Ein Seitentunnel führte nach Jersey, Guernsey und Alderney. Nicht nur die geografischen Namen, auch die Tunnel selbst unterscheiden sich. „Die Maori bauten Tunnel mit über zwei Metern Deckenhöhe", sagt Jacques. „Durch die Tunnel der Briten dagegen kann man nur leicht gebückt laufen."

Nervenzerreißendes Warten auf den Angriff

Eine Woche vor Ostern begannen die Generäle, die unterirdische Stadt mit Männern zu füllen. Nach und nach verschwanden heimlich die Soldaten in den Kellern – bis sich unter den Häusern von Arras Tausende Soldaten zusammenkauerten.

Nun galt es zu warten, ohne in der feuchten, konstant 11 Grad kühlen Dunkelheit die Nerven zu verlieren. „Sicher entsprachen die Zustände dort unten nicht den sonstigen Hygienestandards der britischen Armee", meint Jacques. „Aber im Gegensatz zur Front über ihren Köpfen war es immer noch ein vergleichsweise komfortabler Ort." Die Männer vertrieben sich die Zeit. Sie aßen Süßigkeiten und tranken ein wenig Alkohol, um die Angst zu betäuben.

Zeichnung auf Stein: Ein Soldat malte das Gesicht seiner Freundin auf die Wand neben einer Küchenhöhle.

Die Spuren des unterirdischen Lebens sind überall zu sehen. Auf dem Müllhaufen in einer Ecke liegen noch eine Dose Turnwrights Toffee Delight und eine leere Flasche Rum.

Ein Soldat malte das Gesicht seiner Freundin auf die Wand neben einer Küchenhöhle – ihre zarten, leicht arroganten Züge, ihr dunkles, welliges Haar. Ein anderer ritzte ein verschnörkeltes Kreuz in eine der Säulen aus Kalkstein. Wieder andere versuchten, die Situation mit Humor erträglicher zu machen. „Gesucht: eine Haushälterin", kritzelte ein Spaßvogel an die Wand der Höhle, die nach der Stadt Waitomo benannt war. Nicht alle waren poetisch veranlagt. „Shannahan 21445 NZET 8/12/16 – 8/4/17" schrieb

Private Shannahan. „Er hat den Krieg überlebt", sagt Jacques. Der Neuseeländer kehrte in seine Heimatstadt Wellington zurück und starb dort in den Zwanzigerjahren.

3000 Graffiti an den Wänden, Briefe auf dem Boden

Die Soldaten hatten Zeit: 3000 verschiedene Graffiti haben die Archäologen an den Wänden der Höhlen dokumentiert, die meisten in Englisch, einige in Maori. Aber nicht nur auf den Stein der Wände schrieben die Männer. Einige hatten Papier dabei. In einer stillen Ecke verfasste Private Harry Holland ein paar Zeilen an seine Frau und seinen kleinen Sohn: „Küss' unseren Harry für mich. Wenn ich ihn wiedersehe, werde ich alle verlorene Zeit mit ihm gutmachen." Harry hat seinen Vater nie wiedergesehen. Und auch der zärtliche Brief kam nie an. Jacques fand ihn 91 Jahre später in jener Ecke, in der Holland ihn geschrieben hatte.

Als endlich der Befehl zum Aufbruch kam, wurden die Männer an der Oberfläche von peitschendem Eisregen empfangen. Mehrere Tausend von ihnen erlebten den Abend nicht mehr. Dennoch waren die Verluste gering im Vergleich zum brutalen Schlachten an der Somme. 12 Kilometer konnten die Alliierten in den kommenden Tagen vorrücken – ein gewaltiger Vormarsch, gemessen an dem, was im Stellungskrieg sonst üblich war. Doch dann fiel die Frontbewegung wieder ins alte Muster zurück: riesige Verluste für winzige Geländegewinne.

Seit vergangenem Monat ist die „Wellington"-Höhle für die Öffentlichkeit zugänglich. 18 Jahre nach der Entdeckung des ersten Gewölbes hat Alain Jacques die Anlage in ein Museum verwandelt. Dafür musste er zunächst den Widerstand der Behörden überwinden. Die meinten nämlich, man dürfe unter Privathäusern kein öffentliches Museum errichten.

Jetzt machen Beleuchtung und eine über Lautsprecher originalgetreu nachempfundene Geräuschkulisse den Abstieg in die Tunnel von Arras zu einem beklemmenden Nacherleben der Geschehnisse vor 91 Jahren. In der „Wellington"-Höhle war das Suffolk-Regiment stationiert. Es sieht aus, als hätten die Soldaten das Gewölbe erst gestern verlassen. Unter den Latrinenbalken stehen noch die Eimer. Die Konservendosen der letzten Mahlzeit hat niemand weggeräumt. Und auf dem groben Steinblock, der dem Pfarrer bei seiner letzten Osterpredigt als Unterlage für die Bibel diente, klebt noch das Wachs der Altarkerzen. ■

Auferstehung aus dem Acker

Er war Bomberpilot, wurde von den Deutschen über Holland abgeschossen: Mehr wusste John Edward Kehoes' Familie nicht, als sie sich vor sechs Jahrzehnten auf die Suche nach seiner Leiche machte. Erst jetzt haben Archäologen die Überreste aus einem Acker geborgen. Die Geschichte einer unglaublichen Suche.

„Wenigstens ist er aus dem Kartoffelacker raus", sagt Margaret Walsh-Kehoe. Unter dem Feld, in vier Metern Tiefe, lag ihr Bruder John – 66 Jahre lang. An einem grauen Novembertag 1941 bohrte sich sein Bomber vom Typ Handley Page Hampden, getroffen von der deutschen Flugabwehr, mit der Nase voran in den weichen Lehmboden Nordhollands. In Frieden hat er dort nie geruht; raus sollte er, nach Hause. Noch auf dem Sterbebett musste Margaret ihrer Mutter versprechen, alles zu tun, um Johns Gebeine zu holen. „Erfüll' mir einen letzten Wunsch", bat sie ihre Tochter. „Hol' ihn aus dem Acker raus, damit wir ihn endlich da begraben können, wo sein Name auf dem Grabstein steht."

Der Stein steht im irischen Tullamore. Doch dorthin werden es die Knochen von Sergeant John Edward Kehoe wohl nie schaffen. Wenigstens liegt er nun – nach drei Jahren des Suchens und Hoffens, einem zermürbenden Papierkrieg und Kosten von rund einer Million Euro – nicht mehr unter holländischen Kartoffeln: Archäologen haben das Wrack des Bombers und die Knochen geborgen.

Dass der letzte Wunsch einer sterbenden Irin solche Folgen haben könnte, hatte eigentlich niemand erwartet. Denn die Genfer Abkommen sagen explizit, was im Todesfall eines gegnerischen Soldaten zu tun ist: Der Leichnam soll entsprechend den Riten der Religion des Verstorbenen bestattet werden. Spätestens nach Beendigung der Kämpfe sollen die Kriegsparteien die Listen der gegnerischen Gefallenen austauschen und den Verbleib der sterblichen Überreste benennen. Doch das war im Fall von John Kehoe alles andere als einfach.

Tod auf einem holländischen Acker

Als der Bomber mit der Seriennummer P1206 am 8. November 1941 auf dem Acker bei Berkhout etwa 50 Kilometer nördlich von Amsterdam zerschellt, werden der Pilot Chris Saunders und der Navigator James d'Arcy herausgeschleudert. Bauern aus der Umgebung bergen ihre Leichen und begraben sie auf dem Friedhof von Bergen. Kehoe und sein Kamerad Stanley Mullenger aber bleiben in dem Wrack. Nur Kehoes Erkennungsmarke wird geborgen. Sie ist so zerbeult, dass der Finder nur noch „JEK Shoe" lesen kann. Unter diesem Namen wird Kehoe zunächst aktenkundig. Da man aber keinen dazu passenden Soldaten finden kann, erhält die Familie auch keine Nachricht über den Verbleib ihres Sohnes.

Erst Jahre später endet die Ungewissheit. Zu dem Zeitpunkt sind bereits Kartoffeln über die Sache gewachsen – und dieser Gedanke lässt Johns Mutter keine Ruhe. Sie will ihren Sohn bei sich haben, wenn schon nicht im Leben, dann wenigstens im Tod.

Also beginnt ihre Tochter Margaret mit der Suche. Sie wendet sich an die niederländische Organisaion Dare (Dutch Airwar Research & Excavation), die vermisste Flugzeuge sucht und ausgräbt. Der richtige Acker ist bald gefunden. An der Absturzstelle haben die Besitzer, Dick und Luc Schilder, ein einfaches Holzkreuz aufgestellt. Aber derartige Stätten gelten in den Niederlanden als Feldgrab und sollen zum Frieden der Toten unberührt bleiben. So zumindest sieht es Leonie Sipkes, die Bürgermeisterin von Wester-Koggenland – denn in dem Wrack liege ja nicht nur Kehoe, sondern auch Mullenger. Ein Aushub komme nicht infrage.

Es sei denn, der Familie von John Kehoe gelinge es, Angehörige von Mullenger zu finden und sie von der Ausgrabung zu überzeugen. Auf Annoncen in Zeitungen meldet sich ein Neffe Mullengers. Der steht noch in Kontakt zu zehn weiteren Nachfahren. Alle werden gefragt, keiner hat etwas gegen die Ausgrabung.

Tücken von Technik und Bürokratie

Doch erst danach begannen die technischen Schwierigkeiten. Denn mit einem einfachen Loch im Boden sei es nicht getan, argumentierte die Verwaltung von Wester-Koggenland. Zum einen könnten bei einer Ausgrabung Umweltschäden entstehen. Überhaupt müsse eine Spezialfirma den Aushub vornehmen, weil sich an Bord scharfe Munition befunden habe. Und wenn man schon einmal dabei sei, müsse man bei der Gelegenheit auch noch zwei weitere Stätten in der Gemeinde untersuchen, an denen noch Weltkriegsmunition liege.

Über Diskussionen, Kostenvoranschläge, Landbegehungen und Anträge zogen die Monate ins Land. Einige der Bewohner von Wester-Koggenland schlossen sich zwischenzeitlich zur Wester-Koggenland-Dankbaar-Stiftung zusammen, die eifrig Spenden für die Rückführung John Kehoes sammelte.

Dann, im Juni 2006, meldete sich plötzlich noch jemand, der großes Interesse an einer Ausgrabung und Rückführung von John Kehoe hatte: seine damalige Verlobte, Mary Irving-Wrighton. Sie hatte in der Zeitung von den Bemühungen Margarets um ihren toten Bruder gelesen.

Tod statt Hochzeit: Wie die Verlobte von John Kehoe 60 Jahre lang die Erinnerung wach hielt – und wie seine sterblichen Überreste schließlich doch noch entdeckt wurden

Mary Irving ist 16 Jahre alt, als sie und der damals 18-jährige John sich 1939 in der Nähe von Newcastle in Northumberland ineinander verlieben. Dann kommt der Krieg immer näher – und alles, was John will, ist fliegen. „Du musst nicht kämpfen. Du bist Ire, und Irland verhält sich neutral" – mit diesen Worten versucht Mary, ihren Verlobten aufzuhalten, wie sie sich 68 Jahre später im Interview mit „Noordhollands Dagblad" erinnert. Doch John lässt sich nicht beirren. Immerhin plant er für Weihnachten 1941 seinen Heimaturlaub. Er will Mary mit zu seinen Eltern nehmen, ihnen die künftige Braut vorstellen.

Doch statt des Telegramms mit Johns Ankunftszeit bekommen die Eltern einen anderen Brief: „Wir bedauern, Ihnen mitteilen zu müssen, dass ihr Sohn No: 551389 Sgt. John Leonard Kehoe vom 49th Squadron, RAF, vermisst wird. Das Flugzeug, auf dem er als Schütze diente, kehrte von einem Einsatz am 8. November 1941 nicht mehr zur Basis zurück."

Mary ist verzweifelt. Sie meldet sich freiwillig zum Kriegsdienst, als Krankenschwester. „Ich gab nun alles für meine Patienten", erzählt sie. „Ich habe sogar einen sterbenden Deutschen gepflegt. Ich hätte es mir niemals verziehen, wenn ich das nicht getan hätte."

Als der Krieg vorbei ist, geht auch für Mary das Leben weiter. Sie lernt einen anderen Mann kennen, heiratet ihn und bringt sechs Kinder zur Welt. Aber John Kehoe kann sie nicht vergessen. 60 Jahre lang legt sie jedes Jahr zum britischen Remembrance Day Blumen zu einem kleinen Holzkreuz – für ihren „Paddy", wie sie John zärtlich nannte. Ihr Ehemann versteht das. „Er war auch Soldat", erzählt Mary. „Er hat mir sogar angeboten, irgendwie das Geld zusammenzukratzen, falls ich eines Tages das Grab von Paddy sehen will." Als Marys Mann stirbt, beginnt ihre Tochter Sheila Hamilton mit der Suche nach dem alten Verlobten ihrer Mutter.

Entscheidung auf höchster Ebene

Die Verwaltung von Wester-Koggenland zeigte sich gegen solche Romantik zunächst immun. Doch ein Team des Kampfmittelräumdienstes der niederländischen Luftwaffe hatte 2006 große Mengen Eisen in dem Acker aufgespürt und damit die Lage des Bomberwracks bestätigt. Und auch auf allerhöchster Ebene beschäftigte man sich bereits mit Kehoes Knochen: Ein Freund der Familie hatte einen Brief an den holländischen Kronprinzen Willem-Alexander und seine Frau Maxima geschrieben, um sie über die Vorgänge auf dem niederländischen Acker zu informieren. Eine Antwort kam prompt – vom Verteidigungsminister persönlich. Der versprach eine Entscheidung bis Ende Oktober.

Doch erst ein Jahr später, im Herbst dieses Jahres, wurde endlich die erste Erde bewegt. „Meine Mutter sagte, John hatte Heiligenmedaillons und einen Rosenkranz bei sich, als er starb", sagte Kehoes Schwester Margaret dem Grabungsbeauftragten der Luftwaffe, Paul Petersen. „Die hat sie ihr Leben lang zurückhaben wollen."

Sieben Tage nach Grabungsbeginn fanden die Archäologen Knochen in den Flugzeugtrümmern. Die sterblichen Überreste von John Kehoe und Stanley Mullenger wurden in ein Speziallabor nach Soesterberg gebracht. Die frustrierende Nachricht: Nach 66 Jahren sei es fast unmöglich, die Reste von Kehoe und Mullenger voneinander zu trennen. Selbst mit ausgezeichnet erhaltenem Erbgut würde ein solches Vorhaben teuer werden und Jahre dauern.

„Das ist Zeit, die ich nicht mehr habe", sagt Margaret Walsh-Kehoe, die heute 88 Jahre alt ist. Sie hofft, nun wenigstens noch Johns Beerdigung in dem Gemeinschaftsgrab in Bergen erleben zu dürfen. Denn erst einmal müssen wieder Gutachten geschrieben, Anträge gestellt und internationale Abkommen eingehalten werden. John solle wenigstens in gesegnetem Boden ruhen. Das ist ein Trost für die gläubige Katholikin Walsh-Kehoe. „Dann ist er endlich raus aus dem Kartoffelacker." Diese Bezeichnung für den Absturzort hält sich hartnäckig im Vokabular der Familie. Dabei wachsen auf dem Feld schon seit Jahren keine Kartoffeln mehr – sondern bunte Tulpen. ◼

DIE ARCHÄOLOGIE
DER SCHÖNEN DINGE

Um herauszufinden, wie die Menschen in der Vergangenheit
wirklich gelebt haben, gehen Archäologen ihrer Lieblingsbe-
schäftigung nach: dem Selbst-Ausprobieren. Ob Bier brauen
oder Mumien wickeln – meist ist der Weg das Ziel ...

Antiker Leinenpanzer schützt
so gut wie Kevlar

Ein bisschen Flachs, Leinsamen und Stoff – fertig ist der
Brustpanzer. Historiker und Archäologen haben eine Leicht-
rüstung aus Zeiten Alexanders des Großen rekonstruiert und
Erstaunliches herausgefunden: Das vollkommen metallfreie
Hemd schützt so gut wie eine moderne schusssichere Weste.

Alexander der Große eroberte sich ein riesiges Weltreich zusammen – aber der Feldherr trug keine metallene Rüstung. Nur ein
Leinenhemd schützte ihn vor feindlichen Pfeilen, Äxten und
Speeren, so ist es durch zahlreiche Geschichtsschreiber überlie-
fert.

Leinen statt Metall – das war nichts Ungewöhnliches für die
damalige Zeit. Makedonen, Griechen und später auch die Römer

kämpften in diesen Panzern aus speziell verstärktem Leinen, Linothorax genannt. Lange Zeit gab sie den Forschern Rätsel auf: Woraus bestand diese geheimnisvolle Rüstung?

„Um was für eine mysteriöse Rüstung es sich beim Linothorax genau gehandelt hat, wissen wir leider nicht", sagt Gregory Aldrete von der University of Wisconsin-Green Bay. „Leinen verrottet ja leicht, und so hat kein Exemplar bis in unsere Zeit überlebt." Also lautete die einzige Lösung: Aldrete musste selbst zum Leinenpanzermacher werden. Gemeinsam mit seinem ehemaligen Studenten Scott Bartell rief er das „Linothorax Project" ins Leben.

Ihr Glück war, dass die alten Gelehrten ausgiebig über den Linothorax geschrieben haben. „Wir kennen aus antiken Texten derzeit 25 Beschreibungen von 17 verschiedenen Autoren", sagt

Der von einem Medusenhaupt gezierte Brustpanzer Alexanders des Großen auf dem sogenannten Alexandermosaik aus Pompeji.

Bartell. So erzählt Plutarch in seiner Alexander-Biografie, was der Makedonenherrscher am Leib trug, als er am Morgen des 1. Oktober 331 v. Chr. vor der Schlacht von Gaugamela aus seinem Zelt trat: einen sizilianischen Mantel und darüber „den Brustpanzer aus gefaltetem Leinen aus der Beute der Schlacht von Issos".

Das Ergebnis war zunächst eine Art steifer Karton

Ein Linothorax ziert den Feldherrn auch auf dem Alexandermosaik aus Pompeji. Das Stück ist sogar hübsch bunt bemalt – mit einem Medusenkopf auf der Brust. Außerdem war der Leinenpanzer glücklicherweise ein Lieblingsobjekt der griechischen Vasenmaler. Die Museen stehen voll mit Pötten, auf denen Soldaten des Landes gerade im Begriff sind, Leinenpanzer anzulegen oder sich mit ihm bekleidet mitten ins Schlachtgetümmel zu stürzen.

Für das Rekonstruktionsprojekt begann das Team ganz von vorne: mit Flachssamen. Denn Leinen besteht aus den Fasern der Flachspflanze. „Der schwerste Teil des Projektes war, authentisches Leinen zu finden. Es sollte möglichst aus Flachs gemacht sein, der per Hand gesät, geerntet, verarbeitet, gesponnen und gewebt wurde." Zum Glück war auch Heidi Sherman, Expertin für antikes Leinen, im Team. „Wir haben schließlich einen Stoff, der dem antiken Leinen sehr ähnlich ist, bei einer kleinen Manufaktur im Nordosten Wisconsins gefunden", sagt sie.

Die zweite essenzielle Zutat: der Kleber. Womit leimten die Griechen ihre Panzer zusammen? Hauptsächlich experimentierte das Team mit Hasenleim. Dazu wird pulverisierte Hasenhaut in Wasser eingeweicht und so lange gekocht, bis die Flüssigkeit zäh wird. Doch am Ende war es ein ebenfalls auf Flachs basierender Kleber, der am besten funktionierte. „Alles andere hat sich zu leicht wieder aufgelöst, sobald der Linothorax feucht geworden ist", sagt Sherman.

Wie Sie den antiken Kleber selbst herstellen können

1–2 TL Leinsamen
1 Tasse Wasser
1 Tropfen Shampoo
< 1 TL Essig

Leinsamen im Wasser kochen, bis die Flüssigkeit eindickt und die Konsistenz von rohem Eiweiß hat. Abkühlen lassen und durch ein Sieb gießen. Durch Zugabe von einem Tropfen Shampoo zieht der Kleber später besser in das Leinen ein. Ein Teelöffel Essig verhindert Schimmelbildung.

(Rezept: Katie Meek)

Das Ergebnis war zunächst eine Art steifer Karton. Doch einmal angelegt, schmiegte sich das Material durch die Körperwärme bald an den Oberkörper des Trägers und passte sich ihm genau an. So maßgeschneiderte Brustpanzer hätte ein Rüstungsschmied aus Eisen niemals herstellen können.

Aldrete wollte das Material nun testen – allerdings nicht unbedingt am lebenden Objekt. Stattdessen spannte das Team die verklebten Leinenbahnen auf Rahmen und traktierte die Panzerstoffe mit allem, was antike Waffenkammern zu bieten hatten: Schwertern, Äxten, Morgensternen, Speeren und Pfeilspitzen. Natürlich waren alles Repliken, hergestellt nach Vorbildern aus dem Nationalmuseum in Athen.

Der Linothorax schützte vor Pfeilen

Und tatsächlich, der selbst gemachte Linothorax-Stoff erwies sich als durchaus geeignet, einen Feldherrn wie Alexander zu schützen. „Die verklebten Leinenschichten funktionieren wie eine antike Version von Kevlar – dem Material, aus dem moderne schusssichere Westen gemacht sind", sagt Aldrete. „Die Flexibilität des Mate-

Gut geschützt: Gregory Aldrete im Linothorax.

rials verteilt die Kraft eines aufprallenden Pfeils". Dabei simulier-
te der Versuchsaufbau sogar das schlimmstmögliche Szenario.
Denn alle Kräfte wirkten aus nächster Nähe und frontal auf das
Gewebe ein. Im Schlachtgetümmel dagegen bewegt sich der Soldat
ja und ist kein statisches Ziel.

Im Test verglichen die Wissenschaftler Stoffe aus 11, 15 und
20 Schichten. Besonders gut messbar waren die Ergebnisse der
Pfeilattacken: Ein Geschoss, das mit 25 Pfund Zugkraft aus nur
7,5 Metern Entfernung abgefeuert wurde, bohrte sich in alle drei
Varianten gerade mal einen Zentimeter tief – und hätte so kaum
mehr als einen unangenehmen Kratzer auf der Haut verursacht.
Selbst bei 45 Pfund Zugkraft kam der Pfeil lediglich zwei Zentimeter tief. Weit genug entfernt von allen lebenswichtigen Organen.
Erst ein mit 60 Pfund Zugkraft abgeschossener Pfeil hätte den Träger eines Linothorax aus 11 oder 15 Schichten ernsthaft verwun-

det. Einen 20-schichtigen Leinenpanzer hätte er 3,5 Zentimeter tief durchschlagen.

Wenn der Schütze 15 Meter weit weg stand, kamen nur Pfeile mit einer Zugkraft von 60 Pfund tiefer als zwei Zentimeter. Und auf 30 Meter Distanz schabten die Projektile kaum mehr die Oberfläche des Linothorax an. Die Soldaten waren mit ihren Schutzpanzern offenbar gut gewappnet – auch gegen schwerere Waffen, berichtet Bartell: „Schwerter oder Messer ritzten nur die obersten Schichten an." Und auch Äxte oder Morgensterne schafften es nicht, durch den Panzer zu kommen. „Wir vermuten aber doch, dass sie heftige blaue Flecken oder gebrochene Rippen verursacht haben."

Leichter, luftiger und billiger

Der Linothorax hat einige Vorteile gegenüber herkömmlichen Metallpanzern. Er ist schlicht leichter – er wiegt nur rund ein Drittel. Außerdem ist Leinen atmungsaktiv und kühlt den Träger. „Ich habe meinen Linothorax im Sommer bis zu drei Stunden am Stück getragen und mich dabei sogar noch sportlich betätigt: rennen, klettern, Speerwurf-Simulationen", sagt Bartell. „Die Rüstung hat mich nicht behindert und war sogar ziemlich bequem. Mit einem Metallpanzer wäre das unmöglich gewesen."

Auch die Herstellung ist leichter als bei Metallrüstungen. Leinen ist leichter in großen Mengen zu beschaffen, und für die Fertigung braucht man keine speziell ausgebildeten Schmiede. Einen Linothorax kann im Prinzip jeder bauen, der Schere und Kleisterpinsel handhaben kann.

Wenn man wie Alexander eine Armee ausstatten will, sind nicht zuletzt die Kosten entscheidend. Obwohl der Herrscher seinerzeit hauptsächlich Landstriche mit heiß-trockenem Klima eroberte, hätte er seine Soldaten auch getrost in die norddeutsche Tiefebene schicken können. Denn mit Bienenwachs, Pinienharz oder Schafsfett ließ sich so ein Linothorax bei Bedarf sogar noch wasserfest imprägnieren. ◼

Sound der Steinzeit

Wie sangen die Neandertaler? In einer aufsehenerregenden Komposition hat ein walisischer Jazzprofi den Gesang der Steinzeitmenschen nachempfunden. Das Werk geht unter die Haut.

Den Neandertaler gibt es zwar nicht mehr. Aber Forscher sind sich einig, dass er intellektuell und kulturell unseren Vorfahren nicht wesentlich unterlegen war. Was also machte eine Neandertaler-Mutter, wenn sie ihr Baby in den Armen wiegte?

Möglicherweise dasselbe wie eine Homo-sapiens-Mutter: singen. „Jede Kultur hat Sprache und Musik – also können wir annehmen, dass auch die Neandertaler eine Art von Musik machten", sagt Simon Thorne. Um herauszufinden, wie sich Neandertaler-Gesänge angehört haben mögen, hat der Jazzkomponist sich auf eine akustische Zeitreise begeben. Das Ergebnis ist eine 55-minütige Komposition für vier Vokalisten und Steinwerkzeuge, die gerade im National Museum Cardiff Premiere hatte.

„Das National Museum war an mich herangetreten und hatte mich gebeten, eine Komposition als Beitrag zur paläolithischen Abteilung seiner Ausstellung ‚Origins: In Search Of Early Wales‘ zu schreiben", sagt Thorne. Was folgte, wurde für den Komponisten zum „wohl ungewöhnlichsten Werk", das er je geschrieben hat. „Meine erste Reaktion, als ich den Auftrag erhielt, war: Großartig! Mein zweiter Gedanke: Äh, was heißt eigentlich ‚paläolithisch‘?", sagt er lachend. „Als ich dann erfuhr, dass ich eine Musik schreiben sollte, wie sie Neandertaler gesungen und gespielt haben könnten, war ich sehr überrascht." Stück für Stück tastete er sich an seine Studienobjekte heran. „Musik zu machen, ist eine fundamental menschliche Fähigkeit", sagt er. „Tiere machen keine Musik."

Auf seiner Suche nach der Musik der Neandertaler begab sich der Komponist ganz weit zurück an die Anfänge der Menschheit. Er redete mit Linguisten und Archäologen, nahm Steinwerkzeuge in die Hand, um die vor mehr als 100 000 Jahren Neandertaler ihre

Hände geschlossen hatten. Er besuchte die Pontnewydd-Höhle in seiner Heimat Wales, in der Archäologen Zähne einer vor 230 000 Jahren gestorbenen Familie entdeckt hatten.

Aus seinen Eindrücken machte er sich ein Klangbild von der Umgebung, in der die Neandertaler sich bewegt hatten. „Die charakteristischen Merkmale einer jeden Kultur sind auch im Klang ihrer Technologie enthalten", erklärt Thorne seine Komposition. „Daher scheint es überaus angebracht, den Klang von Stein auf Stein als ein markantes paläolithisches Sound-Merkmal zu nehmen, das vollkommen stimmig ist mit der technologischen Stufe der Zeit: Diese Menschen hörten Stein." Und so begleitet den Gesang das rhythmische Aufeinanderschlagen von Steinen ebenso wie das Schlagen und Reiben von Hölzern.

Thorne: „Der Klang von Stein auf Stein ist ein markantes paläolithisches Sound-Merkmal, das vollkommen stimmig ist mit der technologischen Stufe der Zeit: Diese Menschen hörten Stein."

Natürlich gab es im Paläolithikum noch keine Noten. Bei der Notation der Singstimmen bediente sich Thorne folglich auch anderer Methoden. Er brach die Musik herunter auf ihre wesentlichen Bestandteile. Das sind vor allem zwei Dimensionen: Tonhöhe und Zeit. Die Höhe entscheidet darüber, ob die Stimme sich in den oberen Oktaven bewegt oder in den unteren. Die Zeit bestimmt den Verlauf, den Rhythmus des Stückes. „Ich habe jeder Stimme eine Linie gegeben, einen Horizont, an dem sie sich entlangbewegt", erklärt Thorne sein Vorgehen. In der Partitur sind alle diese Linien übereinander angeordnet, sodass sie zeitlich harmonieren. Die Bewegung der Linien bestimmt die Tonhöhe. Steigt die Linie, steigt auch der Ton und umgekehrt.

Neandertaler formten andere Eckvokale

Diese Vorgaben drückte er dann seinen Sängern in die Hand und bat sie, die Linien zu interpretieren. „Und dabei entstand noch einmal etwas ganz Neues", gibt Thorne zu. Eine Klanglandschaft so individuell und zugleich doch so universell wie das beruhigende Summen einer Mutter, die ihr Kind in den Schlaf wiegt, oder der zufriedene Gesang auf einer entspannten Wanderung und ebenso frei.

„Bei jeder Aufführung ist das Stück anders", sagt Thorne. Den Rahmen bilden der Rhythmus, vor allem bestimmt durch die Instrumente, und die Relation der Stimmen zueinander. Dazu läuft im Hintergrund ein Video der Künstlergruppe Rhombus Arts, das den Zuschauer tief in eine einst von Neandertalern bewohnte Höhle hineinführt. „Wir haben einmal sogar die Partitur umgedreht und sie von hinten nach vorne, von unten nach oben gelesen. Auch das hat sehr gut funktioniert", freut sich Thorne.

Wissenschaftlich ist allerdings zu bemängeln, dass die neuesten Forschungsergebnisse in der Komposition nicht berücksichtigt sind. Im vergangenen Jahr war es dem Anthropologen Robert McCarthy von der Florida Atlantic University gelungen, aus dem Fund eines Neandertaler-Kehlkopfes viele Informationen über die Lautbildung zu rekonstruieren. McCarthy fand heraus, dass der Neandertaler keine Eckvokale formen konnte, wie wir sie heute verwenden.

Die Eckvokale A, I und U dienen Sprechern als Referenzpunkte, um die Größe und Form des Sprechapparats ihres Gegenübers abzuschätzen und so ihr Ohr darauf einzustellen. Nur das garantiert, dass ein A immer als A gehört wird, egal, ob es ein großer oder kleiner Mensch, ein Mann, eine Frau oder ein Kind ausspricht. Ein Neandertaler-E, so McCarthy, hätte für unsere Ohren wohl eher wie das Blöken eines Schafes geklungen. Die Neandertaler hingegen kannten wahrscheinlich keinen Unterschied zwischen den von uns verwendeten verschiedenen I-Lauten, wie in „biegen" und „bitten". A, I und U verwenden die Vokalisten aber häufig für die Interpretation von Thornes Komposition.

„Ich habe ja keine wissenschaftliche Arbeit zur Musik der Neandertaler verfasst", sagt Thorne, „sondern ganz explizit Kunst geschaffen. Es ist für uns unmöglich, genau zu rekonstruieren, wie sich der Gesang der Neandertaler anhörte – aber sich vorzustellen, wie er hätte sein können, ist eine faszinierende Erfahrung. Mein Ziel war die Schaffung einer Klangwelt." Das jedenfalls ist Thorne auf eine Weise gelungen, die unter die Haut geht. Sein Projekt erfreut sich so großer Nachfrage, dass er Ende März in Wales auf Tour geht. Auch das British Museum in London hat bereits Interesse angemeldet. ■

Bier aus der Bronzezeit

In Irland gibt es Tausende flache Erdhügel aus der Bronzezeit.
Ihre Funktion war bislang unbekannt. Zwei Archäologen vermuten, dass es sich um Brauereien handelte, und machten
die Probe aufs Exempel: Sie brauten Ale wie vor 3000 Jahren
– mit durchschlagendem Erfolg.

Es war ein ziemlich verkaterter Morgen. Der irische Archäologe
Billy Quinn saß beim Frühstück und philosophierte über die nur
allzu menschliche Veranlagung, sich Mittel und Wege zur Bewusst-
seinsveränderung zu suchen. Und da hatte Quinn plötzlich die
Idee. Das Ding, das er gerade ausgrub, war nichts anderes als eben
so eine Anlage zur Herstellung bewusstseinsverändernder Mittel.
Das Ding war eine bronzezeitliche Brauerei.

Allgemein sind die seltsamen Anlagen wie jene, an der Quinn
gerade arbeitete, als fulacht fiadh (sprich: full-oct fi-ah) bekannt.
Flache, grasbedeckte Erdhügel mit einer Grube oder einem Trog
in der Mitte, darum eine hufeisenförmige Setzung aus verbrannten
Steinen. Etwa 4500 davon sind in ganz Irland bekannt, und jedes
Jahr werden noch mehr gefunden. Nach Radiokarbondatierungen
stammt die große Mehrheit der fulacht fiadh aus der Zeit von 1500
bis 500 v. Chr.

So weit, so gut – doch was machten die Leute mit diesen Gruben?
Fleisch kochen, sagen die einen. Das Wasser wurde mit heißen Steinen zum Sieden gebracht und Jagdbeute konnte so haltbar gemacht
werden. Baden, sagen die anderen. Eine Art bronzezeitliches Dampf-
bad. Färben, Schmieden, Gerben waren weitere Vorschläge. Zumindest in einem waren sich alle einig: In den Gruben wurde eine Flüssigkeit erhitzt. Für Billy Quinn und seinen Kollegen Declan Moore
war ganz klar, dass es sich bei der Flüssigkeit um Bier handeln musste: „Obwohl wir zugeben, dass die Anlagen auch multifunktional
gewesen sein könnte – eine Art bronzezeitliche Küchenspüle."

Jetzt fehlte nur der Beweis. Also machten sich Quinn und Moore
auf die Pilgerreise an alle Orte, die traditionell mit Bier in Verbin-

dung gebracht werden. In Barcelona besuchten sie einen Kongress über prähistorisches Bierbrauen, auf den Orkneys gingen sie bei einem Hobbybrauer in die Lehre, in Belgien und Bayern lernten sie das Brauen mit heißen Steinen, und im Nahen Osten spürten sie den Anfängen der Bierkultur nach.

Gagelstrauch und Mädesüß für den „süffigen Geschmack"

Im Frühsommer dieses Jahres war es dann so weit. In Quinns Garten in Cordarragh wurde ein Schwein geschlachtet – Brauen macht hungrig –, ein großes Feuer entzündet und eine Grube gegraben. Hinein kam ein 60 Jahre alter Holztrog, ein Erbstück von Quinns Onkel. Da hinein passten etwa 350 Liter Wasser. Nach zwei Stunden waren sowohl das Schwein gar als auch die Steine heiß. Schaufel für Schaufel gaben die Archäologen sie ins Wasser, bis dieses etwa eine Temperatur von 60 bis 70 Grad Celsius erreicht hatte. Dann kam die Gerste hinzu. Nach einer Dreiviertelstunde konstanten Rührens und dem gelegentlichen Nachlegen heißer Steine schwamm in dem Trog feinste, süße, sirupartige Stammwürze. „Für den süffigen Geschmack haben wir uns einfach umgeschaut und gepflückt, was im Garten so zu finden war", erklärt Quinn die Braumethode. Gagelstrauch und Mädesüß kamen in kleinen Mullsäckchen dazu, dann wurde das Gebräu in 75-Liter-Plastikkanister abgefüllt, zum Schluss noch eine Handvoll Hefe, und dann hieß es erstmal warten.

Nach drei Tagen war aus dem Wasser-Gerste-Gemisch ein „sehr schmackhaftes, schaumiges, kupferfarbenes Ale" geworden. Zum Testen schmissen Quinn und Moore eine große Party. Das Experiment war ein voller Erfolg: „Die Leute tranken das Bier gleich literweise", sagt der Neubrauer. Zwar verdienen die beiden Archäologen immer noch mit Wühlarbeit ihr Geld. „Aber wir sind jetzt Picobrewer", deklariert Quinn stolz. Der englische Begriff bezeichnet Brauer, die Mengen zwischen der bescheidenen Quote einer Homebrewery und dem bereits professionellen Ausschank einer kleinen Microbrewery produzieren.

Bronzezeitliche Brauexperimente: In Quinns Garten in Cordarragh wurde ein Schwein geschlachtet – Brauen macht hungrig –, ein großes Feuer entzündet und eine Grube gegraben.

Leider ließ sich das sensationelle Ergebnis bislang nicht so richtig wiederholen. Schuld daran waren allerdings weniger die Braukünste von Quinn und Moore als vielmehr die fortgeschrittene Jahreszeit. Mit jedem Brauversuch im Quinn'schen Garten waren bereits mehr aromatisierende Zutaten verblüht. „Wir haben es so lange versucht, bis schließlich beim vierten Anlauf im Herbst das Gebräu nur noch eine ziemlich schlicht schmeckende, trübe Brühe war", sagt Quinn.

Jetzt warten die beiden auf den Frühling, wenn Gagelstrauch und Mädesüß wieder im Überfluss zu haben sind. Und in der Zwischenzeit widmen sie sich ihrem eigentlichen Job. „Wir graben jetzt wieder Knochen aus", sagt Quinn mit Bedauern in der Stimme, „das ist ziemlich langweilig." ■

Die mysteriösen Steine von Newark

Es schien ein Jahrhundertcoup zu sein, als 1860 der Forscher David Wyrick hebräische Tafeln aus einem Acker in Ohio grub. Der Fund schien zu beweisen, dass alle Völker auf den Stamm Israel zurückgehen. Sogar der Bürgerkrieg schien abwendbar. Doch die Steine waren dreist gefälscht – in bester Absicht.

Amerika im Jahre 1860. Am Vorabend des Amerikanischen Bürgerkrieges ist das Land entzweit über die Frage, ob Schwarze und Indianer die gleichen Rechte wie Weiße haben sollen. Waren Adam und Eva, Gottes letzter Schöpfungsakt, rein und weiß, während die schwarzen Afrikaner und roten Indianer sich schon zuvor gemeinsam mit den Tieren auf Erden getummelt hatten? Oder waren alle Völker dieser Erde Nachfahren der ersten beiden Menschen, getrennt vom Hauptstamm und abgewandert in entlegene Winkel der Erde? Daran hing die alles entscheidende Frage: Durfte man andersfarbige Völker wie Tiere halten? Oder frevelte man damit gegen die Schöpfung des Herrn?

Am 29. Juni 1860 stieß David Wyrick mit seinem Spaten auf ein mysteriöses Objekt. Der Forscher hatte in den Erdwällen von Newark im US-Bundesstaat Ohio gegraben – einer Anlage, die die Indianer errichtet hatten. Er fand einen polierten Sandstein, geformt wie eine Speerspitze, mit einem Knauf daran und bedeckt mit hebräischen Zeichen. Wyrick glaubte fest daran, dass alle Menschen, egal welcher Hautfarbe, nach Gottes Abbild geschaffen waren. Mit den Steinen hielt Wyrick seiner Meinung nach den Beweis in der Hand: Die Indianer konnten keine Wilden sein, sondern sie waren ein verlorener Stamm Israels, ausgewandert nach Nordamerika, lange bevor die Bibel niedergeschrieben wurde. Wyrick ahnte noch nicht, dass er einer perfiden Fälschung aufgesessen war.

Der Fund von Newark war politisch brisant: Ließ sich mit diesem Stein vielleicht sogar der Streit um die Schöpfung schlichten, ohne Blut vergießen zu müssen? Eilig trug Wyrick den kostbaren Stein zu seinem Freund Israel Dille, früherer Bürgermeister von Newark und selbst Historiker und Kenner der Erdwälle. Dille lag die Angelegenheit sehr am Herzen, denn sein Sohn redete von nichts anderem mehr als von dem drohenden Bürgerkrieg und der Pflicht, für die Abschaffung der Sklaverei zu kämpfen.

Allerdings konnten weder Wyrick noch Dille die Botschaft auf dem Stein entziffern. Also klopften sie an die Tür des wohl einzigen Menschen in Newark, der des Hebräischen mächtig war: Reverend John McCarty. Dessen dunkle Augen leuchteten auf, als er das glatte Objekt sah. Schnell hatte er die Übersetzung parat: „Die Gesetze Jehovas, das Wort des Herrn, das Allerheiligste und König der Welt" stand da geschrieben. Bingo! Ein Lebenszeichen des verlorenen Stammes, fehlendes Glied zwischen Morgenland und nordamerikanischer Prärie. Die Welt war, wie sie sein sollte.

Wyrick zweifelte – war er einer Fälschung aufgesessen?

Doch der Triumph der Herren währte nur kurz. Schnell fiel den ersten Kritikern auf, dass die Schriftzeichen modernes Hebräisch waren. Und überhaupt habe der Stein viel zu dicht unter der Oberfläche gelegen, um von den Erbauern der Erdwälle dort plaziert worden zu sein. Wyrick war verzweifelt. War er einer dreisten Fälschung aufgesessen?

Das Jahr nahm seinen Lauf, die Gerüchte um den Krieg verdichteten sich, und Wyrick ging zurück an seine Arbeit. Die Herbstregen kamen. Dann, am 1. November, stieß er auf dem Grunde eines Gräberhügels erneut auf etwas Hartes. Diesmal war es ein schwarzer, sarkophagförmiger Stein, wieder mit Zeichen übersät. Wyrick brachte den Stein zu McCarty, und der frohlockte: Ja, diesmal sei es in der Tat altes Hebräisch – die zehn Gebote. Nun mussten die Zweifler verstummen. Es war wie die Antwort auf ein Gebet. Den Bürgerkrieg allerdings konnten die „Heiligen Steine von Newark", wie sie bald genannt wurden, nicht mehr aufhalten. Dilles Sohn zog gegen die Sklavenhalter und kam nicht zurück. Auch Wyrick starb, noch bevor der Krieg vorbei war, verunsichert bis zu seinem Tod, ob die Steine eine Fälschung waren.

So ganz wurde die Geschichte nie aufgeklärt. Brad Lepper, heute Archäologe für die Ohio Historical Society, arbeitete als Student am Johnson-Humrickhouse Museum in Coshocton, wo die Steine ausgestellt sind. Immer wieder fragten ihn Besucher, ob die Steine echt seien. „Ich antwortete dann, das seien Fälschungen", erzählt Lepper, „aber die Begründung, warum sie falsch sind und wer sie gemacht hat, musste ich den Leuten schuldig bleiben." Also begann Lepper aus „purem Selbstschutz", sich die Geschichte einmal näher anzusehen. Später half ihm dabei Jeff Gill, Hobbyhistoriker und Prediger in Newark. Gemeinsam rekonstruierten sie nun in mühevoller Kleinarbeit, was im Jahr 1860 geschehen war.

„Die Leute wären nie auf die Idee gekommen, einen Reverend der Antikenfälschung zu bezichtigen"

David Wyrick halten beide Forscher für unschuldig. Er war ein guter Mann, der nur zu fest an die falsche Sache glaubte. Wer aber hatte noch ein Interesse daran, die Erdwälle von Newark als israelitisch zu identifizieren? Und wer kannte die Anlage gut genug, um zu wissen, wo Wyrick als nächstes seinen Spaten in die Erde stecken würde? Schnell rückte Israel Dille ins Blickfeld. Er war nicht nur ein Freund Wyricks, er kannte die Erdwälle auch mindestens ebenso gut wie dieser. Und er hatte ein ganz persönliches Motiv: Er war ein Vater, der seinen Sohn über alles liebte.

Doch es gab noch einen weiteren Hauptverdächtigen. Dille hätte die Steine nie alleine schnitzen können, denn er konnte kein Hebräisch. Das konnte als einziger Mensch in Newark nur Reverend McCarty. Warum war der Geistliche dann nie auf der Liste der Verdächtigen aufgetaucht? „Die Leute wären nie auf die Idee gekommen, einen Reverend der Antikenfälschung zu bezichtigen", erklärt Lepper. Was hat den Priester dazu getrieben, mit Dille gemeinsame Sache zu machen?

Auch die Inschrift des zweiten Steins war vermurkst

Mit den Heiligen Steinen wollte McCarty vor allem eins: seine Karriere beschleunigen. Er veröffentlichte die Inschriften nicht etwa in der Lokalzeitung, sondern im „Cincinnati Commercial", jener Zeitung, die sein Bischof allmorgendlich auf dem Frühstückstisch liegen hatte. Bishop Chares McIlvaine war ein glühender Gegner der Sklaverei. Er hatte sich in der Vergangenheit zuversichtlich geäußert, dass eines Tages der archäologische Beweis gefunden würde, dass Adam und Eva auch schwarze und rote Kinder hatten. McCarty, sein ambitionierter Schüler, lieferte ihm mit den Steinen diesen Beweis. Das provinzielle Newark war McCarty zu klein geworden. Er wollte eine größere Gemeinde. Und der Weg dahin führte über das Wohlwollen McIlvaines.

Dabei unterlief ihm allerdings nicht nur der Fehler mit dem modernen Hebräisch, auch die Inschrift des zweiten Steins war vermurkst: An einer Stelle steht fälschlicherweise ein Kaph, der elfte Buchstabe des hebräischen Alphabets, anstelle eines Daleth, des vierten Buchstabens. Nun kann im modernen Hebräischen ein Kaph einem Daleth ähneln, wenn es am Ende eines Wortes steht, nicht aber in jener alten Form, die McCarty für die zehn Gebote wählte. Der Fehler passierte bei der Übertragung aus dem modernen Alphabet.

Im Museum von Coshocton gehören die Heiligen Steine trotzdem auch heute noch zu den beliebtesten Ausstellungsstücken. „Sie sind nicht einfach nur irgendwelche Fälschungen", begründet Lepper die Ausstrahlung der Steine. „Sie wurden geschaffen, um eine wissenschaftliche Theorie zu beweisen und damit möglicherweise sogar einen Krieg zu verhindern. Die Leute, die sie schufen, haben es sehr, sehr ernst gemeint." ■

Schüler präparieren Hühner für die Ewigkeit

Wie bringt man Schülern etwas über die altägyptische Technik der Mumifizierung bei? Man lässt sie es selbst ausprobieren. Im US-Bundesstaat Wisconsin präparieren Siebtklässler Geflügel für die Reise ins Jenseits.

Die Hühner in Greenville (US-Bundesstaat Wisconsin) haben es vergleichsweise gut. Denn mit etwas Glück gelangen sie zwar kopflos, aber ansonsten fast unversehrt ins Jenseits. Jedenfalls wenn sie in die Hände der Siebtklässler der Greenville Middle School gelangen. Dort steht „Mumifizierungstechnik der alten Ägypter" auf dem Lehrplan von Lehrer Dave Moe. Und da Hühner billige und leicht zu beschaffende Anwärter auf lang währende Unversehrtheit sind, enden jedes Jahr etwa 20 von ihnen in liebevoll gestalteten Sarkophagen – sorgsam in Mullbinden gewickelt .

„Das Einzige, was die Kinder an dem Projekt nicht mögen, ist, dass sie so lange warten müssen, bis die Mumien fertig sind", sagt Dave Moe. Acht Wochen dauert es, bis die Hühner bereit sind für die Reise in die Ewigkeit. Wenn der Schlachter des kleinen Städtchens im Mittleren Westen der USA sie liefert, haben sie keinen Kopf mehr, aber die Eingeweide noch in einem separaten Säckchen im Körper. Die müssen die Schüler zunächst entfernen, um sie später in separaten kleinen Krügen, den sogenannten Kanopen, einzulegen. Dann gilt es, die Vögel von außen und innen zu waschen und anschließend sorgfältig mit Papierhandtüchern trocken zu tupfen. Jeweils fünf Schüler sind für ein Huhn zuständig, das Projekt ist eine Gruppenarbeit – genau wie im alten Ägypten, wo das Mumifizieren von Tieren nichts Ungewöhnliches war.

Erste Station der Hühner ist ein verschließbarer Gefrierbeutel mit einem Fassungsvermögen von einer Gallone (3,8 Liter). Darin finden die Tiere bequem Platz, üppig mit Salz gefüllt und umhüllt. Das zieht ihnen die Flüssigkeit aus dem Gewebe. Und dann heißt es zum ersten Mal warten. Die Hühner kommen in einen kleinen Schrank am Ende des Flurs und dürfen dort eine Woche lang ruhen. In der Zwischenzeit müssen die Schüler Tagebuch führen, geschrieben aus der Sicht eines ägyptischen Einbalsamierers.

„Die Haut ist gewachsen!"

Der nächste Blick in die Hühnertüte ist nichts für schwache Nerven. „Besonders die Mädchen finden diesen Teil nicht allzu toll", gibt Moe zu. Um weiche Knie und umgestülpte Mägen zu verhindern, geht der Lehrer dafür auch nach draußen auf den Schulhof an die frische Luft. Die Gefrierbeutel sind jetzt voller Flüssigkeit. Und die stinkt gewaltig. Für den Mumifizierungsprozess muss das Geflügel wieder trockengelegt werden, also gilt es, das Wasser abzugießen und die Hühner wieder sorgfältig trocken zu tupfen. Dann geht es erneut in den Salzbeutel.

Gegen den Geruch gibt's noch ein paar Teelöffel Zimt mit in die Tüte. Das, so Moe, haben schließlich auch die alten Ägypter gemacht – den Leichengeruch mit kostbaren Gewürzen und Duftölen übertüncht. „Zimt funktioniert am allerbesten", erklärt er. „Manchmal bringen die Kinder zum Ausprobieren auch andere Gewürze mit, die sie von ihrer Mutter vom Plätzchenbacken kennen: Nelken oder Muskat. Aber Zimt hat einfach den stärksten Eigengeruch."

Das Prozedere wiederholt sich in den kommenden sieben Wochen. Aber nach Woche drei sehen die Vögel plötzlich ganz anders aus. „Mister Moe, die Haut ist gewachsen!", staunen die Schüler. Dann erklärt er ihnen, dass durch die Einwirkung des Salzes das Muskelfleisch entwässert und dadurch geschrumpft ist. Die Haut liegt nun lose auf den Hühnerbrüsten und sieht aus wie ein drei Nummern zu großer Pulli. Wenn dieser Zustand erreicht ist, verschwindet auch der Gestank. „Die Hühner riechen dann nur noch ganz leicht, aber auch das vergeht zum Schluss. Es bleibt nur der Zimtgeruch", versichert Moe.

Frisches Kleeblatt für Reise ins Jenseits

Unterdessen beginnt die Arbeit an den Sarkophagen. Die fertigen die Schüler aus Holz und bemalen sie mit ägyptischen Motiven. Fünf besonders schöne Exemplare hat Moe in seinem Büro stehen. „Die haben Schüler mir geschenkt", sagt der Lehrer. Schon zu Beginn des Projektes weist er jedes Jahr darauf hin, dass ein mumifiziertes Huhn ein großartiges Geschenk abgibt. Er denkt dabei zwar eher an die Geschwister, Väter oder Mütter, aber ein paar anhängliche Schüler haben ihn beim Wort genommen und ihren Lehrer mit dem exklusiven Geschenk bedacht.

Die Familien der fleißigen Mumifizierer sind stark involviert in die Hühnerbearbeitung. Die Mütter müssen ihr Gewürzregal plündern und die Gefrierbeutel beisteuern. Unter Geschwistern, die im Abstand von einem oder mehr Jahren Moes Kurs durchlaufen, entsteht ein regelrechter Wettkampf um die schönste Hühnermumie.

Manchmal bekommt Moe von seinen Schülern einen besonders schönen Sarkophag geschenkt. Auch die Autorin bekam nach Erscheinen dieses Artikels ein Paket aus Greenville: Dem deutschen Zoll musste sie dann erklären, was es mit dem Miniatur-Sarkophag auf sich hat.

„In jeder Klasse habe ich Kinder, die das Projekt schon von ihren älteren Geschwistern kennen", erzählt der Lehrer. „Am ersten Tag des neuen Schuljahres fragen sie dann schon ganz aufgeregt: Mister Moe, machen wir jetzt die Hühner?"

Wenn die Vögel nach acht langen Wochen des Salzens, Tupfens und Wartens endlich bereit sind, wickeln die Schüler sie in Mullbinden. Zwischen die einzelnen Lagen weben sie kleine Amulette und Glücksbringer. Das kann ein selbst gebasteltes Horusauge sein, aber auch ein modernes Kleeblatt oder Hufeisen. Die Hühner wird's kaum stören, dass nicht alle Grabbeigaben aus dem altägyptischen Kulturkreis stammen.

Die Sarkophage mit den Hühnern dürfen die Kinder am Ende des Projektes mit nach Hause nehmen und damit tun, was sie möchten. „Viele Kinder begraben sie mit einer kleinen Zeremonie", sagt Moe, „manchmal auch mehrere zusammen in einem Massengrab." Einige Schüler aber behalten die Sarkophage auch als gruseliges Accessoire fürs Kinderzimmer. „Das sind aber die Jungs", sagt Moe. „Die Mädchen sind meist doch froh, wenn sie die Hühner wieder los sind." ■

BILDNACHWEIS

Alicia Aldrete: S. 175; American Toy Marble Museum in Akron, Ohio: S. 25; Caroline Boyle-Turner/Pont-Aven School of Contemporary Art: S. 98; Steve Brooker: S. 81; John de Bry: S. 48; Eugene Ch'ng, University of Wolverhampton: S. 35; Cituation et Ensemble: S. 164; David Crabbe: S. 77, 78; DVD/Blu-ray „Die Mumie" (Universal Pictures): 63 re.; Angelika Franz: S. 82, 190; David Gallimore/Alamy: S. 67; GDKE Rheinland-Pfalz, Dir. Landesarchäologie, Speyer: S. 129; Richard A. Gould/FAR: S. 154, 157; Diana Gutierrez: S. 126; Michal Iwanowski: S. 178; Anne M. Jensen: S. 93; Alan Massey/British Archaeology: S. 56 li., 56 re.; Mawson's Huts Foundation. S. 106, 109; Moore Group: S. 183; picture-alliance/akg-images/Tristan Lafranchis: S. 134; picture-alliance/Christopher Cormack/Impact Photo: S. 59; picture-alliance/dpa: S. 73 re., 87; picture-alliance/dpa/(c)dpa–Fotoreport: S. 45; picture-alliance/dpa/(c)epa-Bildfunk: S. 63 li.; picture-alliance/imagestate/HIP/CM Dixon: S. 172; picture-alliance/Mary Evans Picture Library: S. 73 li.; Roberto Samayoa: S. 96; John Schofield: S. 12; Jeffrey H. Schwartz: S. 137; Sky View Photography/Ben Gurion: S. 103 o., 103 u.; Tulane University, John Verano: S. 141; Wisconsin Historical Society: S. 115; Dominic Wood: S. 38